浮生有爱

郦波 著

文汇出版社

如果"爱"

(代序)

"爱"("愛")这个字,特别有意思。

从旧时繁体字的"愛"到现代简化字的"爱",刚好少了一颗"心"。那是否就是说现代人的爱,少的就是一颗真心与一份真情呢?

别说,我思忖着还真有这可能。不信,咱们可以从字源的角度来分析一下。

汉字讲究象形会意,字里行间藏着说不尽的内涵、嚼不尽的滋味。"愛"的"采字头"原是双手合捧之状,捧着什么呢?当然是那颗被"丢了"的"心"。"心"以下的部分,有人称之为"冬字头",它原是"足"的意思,也就是走动,"冬"就是走在冰上的会意。这样,"愛"的大意也就明确了,就是——捧着一颗心走来!

问题是走到谁身边呢?

我们现代人当然会想——当然是走到所爱的人身边来喽!那么远古时,谁才是人们最爱的人呢?

不是人!

是神!

"秃宝盖"与"宝盖头"一样,都是指最早的建筑。"家"与"冢",一个是阳宅,一个是阴宅。但最早应是先有"家",后来才有"冢"的。"家"字在殷商时就出现了,当时并不是独门独户的地儿,而是部落群居的地方。不仅供部落群居,还是部落公共祭祀的地方。大概殷商之前,野猪最能代表勇力,也是当时主要的狩猎对象,所以指代凶猛走兽的"反犬旁"就是由象征野猪的"豕"演化而来的。

这样,祭祀中野猪就成了献给充满了神力的部落神的最好的祭品。于是,"家"里就有了一头猪!"家祭"就成了早期部落祭祀的一种行为。陆游的诗里不还说吗——"家祭无忘告乃翁"。

这样,在"秃宝盖"下"捧着""一颗心""走来"的"愛"字就有了明显的象征意义:

愛,是一种最原始的宗教!

愛,是一种最诚挚的信仰!!

愛,是一种最具奉献精神的牺牲!!!

这就是汉字中繁体字的"愛",我们中国人的"愛",我们祖先的"愛"!

可现代人"简化"了的"爱"呢?没了"心"的"爱"字的根底,变成了"友"字,就是像处"朋友"一样的处"爱"!因为泛滥,难免肤浅。大家都标榜是"性情中人",一点儿不假,但怕只怕,有些人真的丢了"爱"里的那颗"心"。

印第安人有句名言，叫"停下来，让灵魂跟上"。行色匆匆的现代人，让我们停下来，歇一会儿，回过头，看看激荡于历史云烟中的那些爱！

儿子喜欢看动画片，尤其是《名侦探柯南》。我也常陪他看，于是记住了柯南的那句名言：

"真相只有一个！"

历史浩如烟海，古今多少事，都在"迷雾"中？要破解谜题、获取真相并不是一件容易的事。比如：

西施最后是与范蠡携手"泛舟五湖去"，还是被沉江而死，与范蠡的爱情以悲剧而告终？

卓文君和司马相如之间，是一个美丽的爱情故事，还是一个丑陋的谋财劫色的故事？

甄宓这个堪称三国时期最美的女人，她与曹氏父子之间又有着怎样不为人知的爱恨情仇？

在遥远的唐朝，因一首诗开始的爱情，又有着怎样的美丽结局？

苏东坡一生最爱的女子到底是王弗还是朝云，"十年生死两茫茫"的梦里为什么"纵使相逢"了却又"应不识"？

陆游的母亲为何偏不喜欢唐琬，镌刻在沈园的《钗头凤》里到底隐藏着怎样不为人知的情绪？

李清照与赵明诚的完美之恋到底有无瑕疵，一代才女李清照为什么总也离不开酒？

唐伯虎为什么会成为中国历史上第一个"房奴"，他做房奴的原因，是不是因为他的生命里真的有过一个秋香？

娇小的李香君为何要用鲜血去染红那把"桃花扇"，历史的真实又会是一种怎样残酷的结局？

董小宛倒追冒辟疆的故事，为什么会让后代的才女大为不解？她忍气吞声，谨言慎行，却为何还幸福得要命？

芸娘为什么会在夫妻恩爱的情况下提出为沈复娶妾，难道她是对爱情没信心，还是像有些人说的那样"猪油蒙了心"？

……

千年的时光何其漫长，谜一样的爱情传奇又岂止这些！

或许"真相"真的"只有一个"，只是我们却永远无法抵达。但这并不妨碍我们确信，在穿越历史的迷雾之后，看到了真相。

当我们用探索的目光去重新审视那曾经发生过的一切，我们会发现，其实无数美丽的爱情故事都体现出一个共同之处，那就是——是人性的力量赋予了爱情吸引我们的力量，是命运的力量赋予了爱情震撼我们的力量。不论是悲剧还是喜剧，每一场经典的爱情都不只是一个简单的故事，而是一种丰富的人生，一种深刻的存在。

我当年曾以《五代前的那些爱》《宋元明清那些爱》为题，出过两本小书。当时的体例是以时间为序，把中国古代的爱情，包括民间传说、经典作品里的爱情加以讲述。此次改版，则将两本书里历史上实有其人的故事选出并重加修订,从春秋之际的范蠡和西施,到最近广为传播的沈复和芸娘,展示中国式爱情的方方面面。

古希腊的哲人说过:"你终究会遇上他们的,一个叫作爱情,另一个叫作死亡!"

幸好,我们都还没遇见那个叫死亡的家伙,否则也不会在此刻畅想爱情了。但你是不是已经遇见过那个叫爱情的家伙了?

如果你遇见过,你一定知道,那是生命里最奇妙的东西!

有这样一种说法,爱情就是让你我在人群里去寻找自己的另一半。关键是,我们找到了吗?是不是找到过,又丢失了呢?如果是,那也不必悲哀,因为爱情就是这样,如"一树一树的花开",却也有花败的时候;如"燕在梁间的呢喃",却也有劳燕分飞的时候;如"人间的四月天",却也有"人间四月芳菲尽"的时候。关键是虽不能天长地久,但却曾深情拥有,那样的爱就如长夜漫漫里的一点星光,从宇宙的深处,从时间的尽头,跨越了千万光年的距离,终将会浮现在我们的眼前!

郦波

于石头城下

目 录

一代倾城逐浪花,吴宫空自忆儿家
　　——范蠡和西施的故事 001

千古艰难惟一死,伤心岂独息夫人
　　——息夫人的故事 011

青丝纤手成陈迹,举案齐眉已隔生
　　——孟光与梁鸿的故事 021

诚知此恨人人有,贫贱夫妻百事哀
　　——朱买臣休妻的故事 031

归凤求凰缱绻意,时人寥寥不复闻
　　——司马相如与卓文君的故事 043

意态由来画不成,当时枉杀毛延寿
　　——王昭君的故事 053

凭君莫话伤心事，尽在含情不语中
　　——甄妃的故事 063

妻子岂应关大计，英雄无奈是多情
　　——貂蝉的故事 075

秦淮河畔夕阳斜，桃叶飘落到谁家
　　——王献之与桃叶的故事 087

去年今日此门中，人面桃花相映红
　　——崔护与绛娘的故事 099

相逢却似曾相识，未曾相识已相思
　　——红叶传情的故事 111

七月七日长生殿，夜半无人私语时
　　——唐明皇与杨贵妃的故事 123

问君何如东流水，一洗铅华万古愁
　　——李后主的故事 137

回首向来萧瑟处，几番风雨几多情
　　——苏轼与他的人间四月天 149

一路青山携绿水，琴瑟款款两温柔
    ——李清照与赵明诚的故事 165

伤心桥下春波绿，曾是惊鸿照影来
    ——陆游与唐琬的故事 183

怎如一顾倾人城，回眸一笑百媚生
    ——唐伯虎的故事 195

山河满目空破碎，冲冠一怒为红颜
    ——陈圆圆的故事 205

我见青山多妩媚，青山见我应如是
    ——柳如是的故事 217

舞低杨柳楼心月，唱尽桃花扇底歌
    ——李香君的故事 229

潇潇暮雨洒秦淮，脉脉春情与谁猜
    ——董小宛的故事 241

世间何事堪扼腕，浮生写罢爱如磐
    ——沈复与芸娘的故事 255

一代倾城逐浪花,吴宫空自忆儿家

——范蠡和西施的故事

也许,我们可以给这个故事起一个名字,叫《一个女人和三个男人的故事》。这个名字虽然恶俗了些,但却很真实。在三个男人中,范蠡毫无疑问是男一号,吴王夫差是男二号,越王勾践虽然只是男三号,却是整个故事里最为关键的一个"配角"!

我说越王勾践是个最为关键的人物,是从情节的发展上来说的。

一般人都以为范蠡和西施两个人最后泛舟五湖,过上了神仙眷属的生活,其实这个结果应该存有很大的疑问,事实远比人们所能想象的悲惨得多。这一切的关键就在这个第三号男人——勾践的身上。这个我们待会儿再说。

如果不从情节上去看,一个女人和三个男人的故事里,最关键的人物当然不应该是那三个男人,而应该是那一个女子,也就是我们故事的主人公——西施。

可大多数时候,我们在吴越春秋的时代里所看到的西施,都是一个比较朦胧、比较模糊的形象。我们知道得比较清楚的信息,第一是她很美,是古代四大美女之首,至今我们还说"情人眼里出西施"呢。再一个我们比较清楚的就是，她为了越国的复兴，不惜牺牲色相，来到吴王夫差身边，实在堪称现代"无间道"的春秋版始祖。

但除了这两个信息之外，我们对于西施其他方面的信息了解得就比较模糊了。

比如说，作为一个弱女子，她是怎样卷入到一场关乎国家存亡的政治斗争里去的？在卷入这场政治斗争的过程中，她自己又是怎样想的？

再比如说，这三个男人中，似乎范蠡才是西施唯一的真爱，那么范蠡为什么肯把自己深爱的，同时也是深爱自己的女子贡献出来，去帮助越国完成复国大业呢？要知道，范蠡可不是越国人，他是楚国人！

再比如说，西施来到吴王夫差身边是为了毁灭他的，可当这个男人终于如愿以偿地被毁灭的时候，西施是不是真的有一种如释重负的感觉呢？

还有，看上去越王勾践在西施这场戏中的戏份很少，但他可是西施范蠡这条线最终的幕后推手。他复国之后，对西施和范蠡这对英雄伴侣是不是就那么宽容呢？要知道，越王勾践可是一个"狡兔死，走狗烹"的狠主，是一个下得了狠手的人，复国后，另一个起到关键作用的功臣文种不就被他给杀了吗？

这些，都是疑问，都是我们去看西施那颗美丽心灵以及她那场美丽爱情时不得不搞清楚的疑问。

首先，我们来看看，西施她是怎么卷入到这场政治阴谋里去的，她的爱情又是怎样产生的。

古人说"春秋无义战"。吴越两国交恶，那是由来已久的。吴王夫差的爹吴王阖闾就是在和越国的交战中，被越人击成重伤。临死的时候，阖闾对夫差讲："你要不为我报仇雪恨，我死不瞑目。"这父仇国恨不共戴天，阖闾死后，夫差发愤图强，三年后兴兵伐越，一举扫平越国，并俘虏了越王勾践。

你看，这个夫差还是有那么点儿英雄气概的，报仇也不像勾践。夫差报仇靠的是实力，真本事，可不像勾践，喜欢使阴招，献西施、尝大便那都可以算是勾践的阴招。从这点上讲，越王勾践绝对没有吴王夫差光明磊落。女人可都是喜欢光明磊落的好男儿的，所以在对吴王夫差和越王勾践这两个男人的态度上，我想身处那个时代的女人们，如果不是像我们现代人这样，根据卧薪尝胆的典故出处去片面理解历史的话，对这两个人的取舍应该是可想而知的。

也就是说，当时要在什么"好男儿"之类的比赛中，就吴王夫差与越王勾践的真实表现来看，如果只由女性来投票的话，夫差的支持率肯定要比勾践高得多。身在局中的西施对这两个男人的态度应该也是这样，这从后来的发展还是可以看得出来的，这也就埋下了后来一场爱情悲剧的祸根。

越王勾践被吴国俘虏了之后，先想着怎么逃出来啊。于是他趁吴王夫差有一次生病的时候，就横下心来，尝了吴王的大便，然后告诉夫差,说大王您的病应该没什么问题了,马上就要好了。夫差也是个心软的主儿,一下子感动得不得了,就把勾践放回国去了。

夫差的逻辑是:你看,这种事他都肯做了,还能有什么二心呢?这真叫唯有非常之人方可为非常之事。春秋战国,就是一帮"非常男女"的故事。勾践回国之后,就开始了卧薪尝胆、励精图治,一边在暗中积蓄力量,一边使出美人计,让范蠡寻找美女贡献给夫差。

这时候,西施出场了。

这里要注意,故事的主人公是出场了,但却不是用她自己的名字出场的。

西施,是姓西名施吗?

肯定不是。

那按春秋时称呼人的习惯,是村子西边一个姓施的女子吗?

好像有点道理,因为我们都知道一个成语叫"东施效颦",东施就是一个住在村子东边的施姓女子,那西施当然是住在西边的。

但是,早在西施故事出现前两百年左右的时候,管仲,就在他的《管子·小称》中说:"毛嫱、西施,天下之美人也。"也就是说,西施早有其人,而且已经成了美女的通称。只是后来这个西施盖过了所有前面的西施,使得人们以为,西施指的就是颠覆了吴越历史的那个西施。我觉得,这既是这个女子的悲哀,因为她为越国做出了那样大的贡献，却连美丽的名字都不能留下；但这又是这个女子最伟大的地方，是她让这个名字在中国的历史里有了一种不只拘限于形式上的美丽的内涵。

其实，据民间传说，西施的名字叫夷光。关于范蠡如何发现西施，民间也有很多传说。《浣纱记》里说，是西施在河边洗衣服时的美丽身姿一举打动了范蠡，以至于他对西施一见钟情。另外一种说法是他看到西施面带愁容，就与她搭话，了解到她是为越国的亡国而哀愁，这让范蠡既感动又钦佩，一下子就爱上了她。

还有一种说法是，西施从民间来到宫中，被教授举止礼仪，也就是施行美人计之前的上岗培训，这个培训老师就是范蠡。二人在这个培训的过程中产生了感情，同时也坚定了帮助越国复国的革命理想。

我个人比较认同最后一种说法。因为按前面的说法，我们就很难理解，为什么范蠡会把自己深爱的西施贡献出来，去帮助越国完成复国大业。

正是在计划的准备实施过程中，两个人渐渐产生了爱情，所以，当计划必须实施的时候，这种爱情就必须让步给复国大业的需要，这也为二人爱情历程一开始就抹上了悲剧的色彩。西施被送到吴国去的时候，就有了"风萧萧兮易水寒"的壮烈。

当然，有人会说，范蠡可能不是一个爱情至上主义者，他可能是一个事业至上主义者，帮助越国复国可以让他更有成就感。所以相比较而言，他可能在乎复国多些，而在乎西施少一些。这样说似乎有些道理，但如果范蠡真是一个这样的人，他后来就不会取名叫"鸱夷子皮"。

说到"鸱夷子皮"这个名字，就要说到第二个关键的问题。那就是，这个故事的结局、这场爱情的结局到底是怎样的？

申明一下，我们从故事的开始直接跨越到故事的结局，为的是不让故事的过程干扰了我们的视线。西施在吴王夫差身边的十几年，使她对夫差这个男二号到底有怎样的情感，我们也可以在结局时看得更清楚一些。

《史记》很奇怪，讲到范蠡的时候，根本没提到有西施这个人。《史记·货殖列传》里说到范蠡的结局时说："范蠡……乃乘扁舟浮于江湖，变名易姓，适齐为鸱夷子皮，之陶为朱公。"也就是说越国灭掉吴国后，范蠡不辞而别，改名叫"鸱夷子皮"，前往齐国去了。后来他又离开齐国到陶这个地方，也就是今天的山东定陶，这时候他又改姓朱，所以后世又称他陶朱公。问题是他在离开越国的时候，改的这个名字"鸱夷子皮"，到底是个什么样的名字呢？难道复姓"鸱夷"，名"子皮"？

台湾有个作家叫高阳，他说鸱夷是用牛皮或马皮做的酒囊，用得着时，虚能受物，腹大如鼓；用不着时，不妨掩而藏之。范蠡以此自况，正是君子用行舍藏的意思。另外一种可能是，这个鸱夷就是皮袋子的意思，吴王夫差命他的功臣伍子胥自杀，就用鸱夷这种皮袋子盛了他的遗体，投到江里面，所以范蠡自称鸱夷子皮，就是表示他亦是越王的罪臣。

这两种说法都有合理的成分，但看上去都受了《史记》的影响，也就是说，不论怎么样，范蠡的这个名字，这个离开越国的结局根本不关西施什么事。

这是让人很难接受的。

相比较而言，我更认同另一位学者许晖的看法。他也说鸱夷子皮就是皮袋子的意思，但一个人为什么好好的不叫范蠡呢？而且，他后来不是也改朱了吗？这都是正常的名字，为什么偏偏在他离开越国的时候，叫一个这么奇怪的皮袋子的名字呢？许晖认为，这是因为范蠡是个大情种，他取这个名字，完全是在悼念西施。

说悼念西施，很多人会大吃一惊。第一，西施和范蠡最后不是双双归隐了吗？第二，就算是悼念，怎么会用皮袋子这种奇怪的名字来悼念一个人呢？

先来看这个第一，西施和范蠡是不是修成了爱情的正果，双双归隐了呢？

民间大多采取这种说法，后世的文人也大多认可这种说法，所以，像范蠡携西施"泛舟五湖去"成了后世很多文人的理想与梦想。当然，这种说法也不是空穴来风。唐朝的《吴地记》转引东汉的《越绝书》就说："西施复归范蠡，同泛五湖而去。"《越绝书》的话毫无疑问支持了这种说法。

但同样记载吴越故事的另外一部重要书籍《吴越春秋》却不是这么说的。北齐的《修文殿御览》转引《吴越春秋》的话说：吴亡后，"越浮西施于江，令随鸱夷以终"。注意，这里鸱夷出现了,是说越王勾践把西施装在皮袋子里沉江了。后来范蠡悼念西施,才要用鸱夷子皮这个名字,这也可以看出范蠡哀莫大于心死的心境。同样这也是他离开越国、远身避祸时最真实的情感状态。

如果说,《越绝书》和《吴越春秋》都是后世记载春秋时吴越故事的书,彼此说法矛盾的地方难做一个定论,那么最有力的证据来自《墨子》这本书。墨子出生并成长于春秋末期,即吴越故事的尾声阶段,可以说他一定程度上耳闻目睹了吴越故事的壮烈过程,应当是最权威的见证人。他在《墨子·亲士》篇中第一次提到西施的死:他说"西施之沈,其美也"。"沈"是一个通假字,通"沉"。毫无疑问,墨子认为西施是被沉江而死的。而且他还交代了原因:"其美也"——就是因为她的美貌。

这就留给我们不尽的遐想了。西施是因为她的美才幻惑了吴王夫差,这正是她使命得以成功的地方,怎么又会成为她死亡的诱因了呢?

其实也不难理解,越王勾践把她献给吴王夫差之前,可能不敢染指西施,但在灭吴之后,哪怕他对范蠡西施的爱情清楚得很,他也不会那么轻易地放过西施的美色。

有人说,勾践是因为怕重蹈吴王夫差昏君的覆辙,觉得女色误国才把西施给杀了的,这纯属胡说八道。当时越国贡献了两名美女给吴王,也就是范蠡应该训练了两位美女去实行美人计,一个是西施,一个是郑旦。范蠡只和西施产生了爱情,可见他们是真情。而灭吴后，郑旦被勾践收为后宫，这正可以见出勾践的荒淫与好色。他杀西施根本不是什么女色误国，墨子"其美也"三个字透露出的是他的求色而不得。

如果是这样，西施的伟大之处就突显出来了。

我们可以这样推断，在历经身在吴国十年漫漫的风雨艰难之后，在历经心在范蠡矢志不渝的爱情考验之后，西施这样一个柔弱的女子，拒绝了勾践灭吴、小人得志之后的飞扬跋扈，最终导致了"西施之沉"的结局。这也可以明确地看出这个弱小却美丽的女子，在这出戏的最后对戏中三个男人明确的态度：

第一，她是爱范蠡的。她为了他，不惜用身体和最美的青春年华作代价，去帮助他实现他的丰功伟业，去成就他的人生理想。因此，范蠡才会用心如死灰的后半生、用鸱夷子皮这样的怪名字来怀念他最美丽的爱人。他们的爱情虽然以悲剧而告终，但却有毫不含糊的震撼人心的力量。

第二，她对吴王夫差应该有着很复杂的情感。她来到他的身边就是为了毁灭他的，但夫差对她的钟爱，而且是十年如一日的钟爱，又怎么会让西施这样一个善良美丽的女子全无感动？虽然夫差确实是个昏君，但当勾践打到吴国，夫差被逼要引剑自刎时，还在为西施的安危呼叫哀伤，这使西施大为动情，泪如雨下。在这泪雨里，西施对夫差这个男人，是不是也有着说不清、道不明的情怀呢？

第三，她对越王勾践这个决定了情节结局的男三号应该是不屑的。虽然他是王，但西施一定看不起这个曾经靠尝大便逃生、靠女人复国的君王。西施死得早，她没有看到后来文种的被杀和范蠡的退隐自保。她如果看到，她会更加看不起这个男人。政治，或者说王权，会让一个男人失去男人本应有的善良、温暖乃至去拥有爱的情怀。

现在，当我们再回首，穿越历史的迷雾，去看那位名叫西施的女子的时候，或许我们看到的形象不再模糊，或许我们不仅能看到她的美丽容颜，还能看到她那颗美丽的心灵。

千古艰难惟一死,伤心岂独息夫人

——息夫人的故事

公元737年的一天晚上,地点是在唐岐王家中,事件是岐王请了一帮文人吃饭。

春秋战国时候,王公贵族们喜欢养门客。到了唐代,这个风气又有了点复兴的味道。杜甫诗里就说,"岐王宅里寻常见"。为什么寻常见?就是文人名士经常在那里聚会。

这天晚上,岐王与一帮文人边喝酒边聊天,说着说着就说到女人的话题上来了。男人在一起总喜欢聊女人,聊着聊着就聊到了"红颜祸水"的话题上。

一个人站起来慷慨激昂地说:"这红颜祸水最典型的表现在女色误国上,你看,吴王夫差好好的天下,不就毁在西施的手里吗?上推到上古夏、商、周,末代君王无不栽在女人的手里。妹喜迷惑夏桀,妲己迷惑商纣王,褒姒迷惑周幽王,哪一个不是女色误国,断送了大好江山?就算是息妫,好像错不在她身上,但息国与蔡国因她而灭亡却是不争的事实。这女色误国、红颜祸水,我辈不可不谨记啊。"

岐王听了这话点头称是,其他人也纷纷附和。这时候岐王就对在场的一位关键人物说:"王维,你何不就此作诗一首,以警后人啊!"

听了这话,一直默不作声的王维站了起来。他丝毫没有犹豫,取过笔墨纸砚,当即挥毫写下了他的一首旧作:一首五言绝句,题目就叫《息夫人》。

王维的诗是这样写的:

莫以今时宠,能忘旧日恩。
看花满眼泪,不共楚王言。

当时所有人看了这诗,都鸦雀无声了。那个夜晚,也因此永远留在了历史的灯火阑珊处。

又过了一百年左右的时光,时间已是晚唐,地点仍是文人骚客的诗酒聚会上,又有人谈起红颜祸水,谈起女色亡国,谈起这个女人——息妫息夫人。所有文人都力推当时的大诗人杜牧赋诗一首,以仿当年盛事。杜牧也不推辞,同样像王维一样,挥笔立就,成七绝一首。

杜牧的诗是这样写的:

细腰宫里露桃新,脉脉无言几度春。
毕竟息亡缘底事?可怜金谷坠楼人。

同样是大文豪，同样是写息夫人，王维与杜牧的诗却为什么大相径庭？两人的观点又到底有何不同？我们还是先来看看这个息夫人到底是个什么人，为什么会在千年之后，还让这些文人津津乐道呢？

息夫人的故事出自《左传·庄公十四年》。楚国的周围有两个小国，一个叫息国，一个叫蔡国。息国的国君叫息侯，相传他的祖先是周文王的第十四子。息侯与蔡侯之间本来没多大交往，但后来两个人的关系发生了重大的改变，因为他们娶了一对姐妹花——陈国国君陈侯的两个女儿。

蔡侯娶息妫姐姐的时候并没有见到息妫，他也从没见过息妫，只是听说这小姨子很漂亮，仅此而已。两国之间因为有亲戚关系，所以书信来往，礼仪问答，倒也一直相安无事。

坏就坏在有一天息妫思念起姐姐来了，她想到姐姐那儿串串门儿，走走亲戚。这也没什么不好，息侯就派人把息夫人送到她姐姐蔡国那里去了。

说到这儿，就不得不提我们中国人的那句老话，叫作"一动不如一静"。这一去就像多米诺骨牌倒下的第一张牌，让无数人的命运彻底发生了扭转。读史至此，我经常会感慨，这也是人生的"蝴蝶效应"吧。

有人会问，小姨子到姐夫家去串串门儿，很正常啊，会有什么大不了的事呢？

是啊，一般想来，确实也不应该有什么大不了的事。可知人知面不知心,这个蔡侯身为一国之君,却是一个彻头彻尾的流氓。

在给息妫办的接风宴上,蔡侯一看到息妫立即目瞪口呆,惊为天人。心想,天下怎么会有这么绝色的美人!人和人不一样,男人被女人的美丽所震撼后,一般会走两个极端。一种是像段誉看到王语嫣之后,敬爱之情会上升为一种圣洁的情感,所以他只肯远远地追随王语嫣,开始连碰下手都认为是对王语嫣的亵渎。另一种就是像这个蔡侯见到息夫人之后,喜爱之情立即会变成污浊的无耻情调,所以他在酒席上就开始污言秽语,动手动脚。大概他平常在国内耍流氓耍惯了,他又是国君,没什么人能管他,想怎么样就怎么样,在酒席之上极尽无耻之相。

息妫受不了他的侮辱,拂袖而去。回到家里,便向息侯哭诉。息侯勃然大怒,这做姐夫的调戏小姨子,是可忍孰不可忍,于是就要发兵去攻打蔡国。说起来呢,这个时候息国虽然有了点实力(息侯本来是个无用的昏君,但在娶了息夫人之后,在息夫人的每日规劝下,倒逐渐地改邪归正了,息国的国力也渐渐有了起色),但奈何息国毕竟是个力量很小的诸侯国,不要说跟楚国比,比蔡国也不如。息侯是有心杀贼却无力起兵,于是,他也不跟息妫商量,一根筋地跑到楚国借兵去了。

楚文王一听你们要打架,好啊,鹬蚌相争渔翁得利啊,管你们谁对谁错,打去吧。他也不问息侯为什么事,反正想瞧热闹,就让大将斗丹率兵帮息侯把蔡国给灭了。蔡侯成了阶下囚,被送到楚都郢城软禁了起来。

按道理，此事尘埃落定，恶人有了恶报，也该了结了吧。哪知道一波刚平一波又起，真正的悲剧才刚刚开始。

有一天，楚文王刚巧碰着蔡侯，就顺口聊了起来。文王就问："蔡侯，我倒忘了问你了，你和息侯是怎么回事啊，他非要灭了你？"

小人就是小人，蔡侯一听有了说话的机会，可就使起了坏水。他说："你不知道，我是为了一个女人才亡国的。"于是，他就把息夫人的美丽极尽夸张之能事，在楚文王面前描述了一番，末了还来了一句："我虽然亡国了，但我却见过真正的天下第一美人了，死也无憾了。而你，虽然身为泱泱楚国之君，没见过息妫息夫人，你算是白活了。"

楚文王一听这话，立马抓肝挠肺地睡不着了。他虽然没有蔡侯那么无耻，但本质上和蔡侯是一样的流氓本性。于是，他就派人去跟息侯说："我听蔡侯说贵夫人很漂亮，能不能借我看看啊？"

息侯当然不肯，而且是坚决不肯，于是楚文王让斗丹二次出兵，又把息国给灭了，把息侯也掳到了楚国。

斗丹冲进息国王宫的时候，息夫人正含泪欲自尽，斗丹就对她说："夫人不欲全息侯之命乎？何为夫妇俱死！"也就是说，你要死的话，息侯也就铁定要被杀了；你要活着的话，他也就能活着。息妫一听这话，只得随斗丹来到楚国。文王一看大喜，自此，后宫"三千粉黛无颜色"。楚文王封息夫人为王后，此后数年宠爱有加。

换一个普通女子的话，故事或许到这儿就结束了。因为在男权社会里，女人根本没有话语权，根本就没有反抗这种暴政下的命运的权利和机会。蔡国与息国虽然确实都因息夫人而灭了国，但她一个弱女子，面对这些握有强权的"流氓大亨"，又能怎么样呢？只有顺从罢了，只有屈从罢了。

故事到这儿，从艺术的角度看已经具有了丰富的悲剧审美内涵。但事实上，因为主角是息妫息夫人，所以真正的高潮还没有到来。

我们看多了电影、电视剧，对高潮部分的情节大多能够想象得到，但你肯定想不到，这个故事里的高潮居然只是"无声"和"不言"。

《左传》里记载，息妫嫁给楚王后，"生堵敖及成王焉，未言。楚子问之，对曰：吾一妇人，而事二夫，纵弗能死，其又奚言？"也就是说她嫁给楚王后还生了两个孩子，其中一个就是后来鼎鼎有名的楚成王。但她在嫁给楚王的数年里，从来不跟楚王说一句话。有人问她为什么，她回答说："我作为一个女子，不幸嫁给过两个丈夫，面对命运的捉弄，我既然没能去死，又有什么脸面去强颜欢笑、对君王言呢？"其实，这话说的是反语，她的"不言"实质上是一种不屑言，她的无声实质上是一种沉默的反抗。这才是那个真实的息妫，这才是那个"看花满眼泪，不共楚王言"的息夫人。

至于息夫人的结局，至今已不可考。有一种传说是，终于有一天，她趁着文王出外行猎的机会，一个人溜出宫外与息侯见面。一对苦命的夫妻劫后重逢，唯有相拥而泣，又自知破镜难圆，最后双双殉情自杀。鲜血流在地上，朵朵状如桃花，楚人就在他们的溅血之处遍植桃花，并建桃花夫人庙来纪念他们，于是息夫人又被称为桃花夫人。

说完息夫人的故事，就要说到开头我们提到的那两首诗了。

杜牧的诗是"细腰宫里露桃新，脉脉无言几度春。毕竟息亡缘底事？可怜金谷坠楼人"。"细腰宫"就是楚宫，"楚王好细腰，宫中多饿死"。头两句说的就是息夫人居住楚国王宫里，面对花开花落，无言度春秋的场景。后两句是议论，也就是杜牧对这个事的观点，他说不知道息夫人是怎么死的，但毕竟息国与息侯的灭亡命运都是因她而发的。从这点看，她不在当时殉节，这就比不上后来坠楼的绿珠了。

"绿珠坠楼"是《世说新语》里的故事。绿珠是石崇一手培养的歌女，石崇就是那个爱跟人比富的纨绔子弟，是个典型的暴发户。后来石崇为孙秀所杀，绿珠跳楼自尽，为主人尽忠了。后世的封建卫道士对绿珠这种为主尽忠的行为大加赞赏，经常会拿出来说事的。

先不说绿珠为了石崇殉节值不值当，就杜牧本人而言，他自己也说自己"楚腰纤细掌中轻""赢得青楼薄幸名"。既然他自己也是"青楼薄幸人"，也就是说并不是一个情感忠贞的人，他凭什么去指责息妫呢?

所以站在道学和男人的立场上理解息妫是很困难的,只有站在真情的立场上才有可能去理解那个真情的息夫人。幸好公元737年的那个晚上,岐王宅里还有一个真情的人,那就是王维。

王维有一首《红豆》,我们都很熟悉。诗曰:"红豆生南国,春来发几枝。愿君多采撷,此物最相思。"红豆又被称为"相思豆",就缘于这首诗。王维在他妻子死后,一心礼佛,未再续娶,是一个对爱情相当坚贞的人。所以他才会设身处地地去考量息夫人的处境,"莫以今时宠,能忘旧日恩。看花满眼泪,不共楚王言"。虽然在矛盾里,虽然在两难里,虽然内心有着无限的凄楚,她也要在沉默里慢慢地学会坚强,她也要在爱与恨之间恪守自己最脆弱却又最牢不可破的底线!

其实息夫人的故事除了让我感动之外,还让我想到很多。我觉得它其实牵扯到一个重大的命题,一个规律性的现象,那就是亡国之君的亡国情爱。

息夫人被称为桃花夫人,后世以花命名的还有一位,那就是后蜀孟昶的花蕊夫人。

宋太祖赵匡胤在对待女色问题上,不比那个好色的楚文王好多少。在灭掉后蜀之后,他做的第一件事就是让人把名闻天下的绝色佳人花蕊夫人费皇后送到汴京来侍寝。花蕊夫人和息夫人一样,一个弱女子在滚滚红尘里,尤其是在滚滚的政治尘埃里,所能做的只是默默地承受命运,默默地抗争。

她在官中挂着孟昶的画像，平淡的日子里，就"看像满眼泪，心共孟昶言"，可见夫妻之情还是很深的。有一次，宋太祖偶然看到这幅画，就问是谁，花蕊夫人灵机一动，答是在蜀中常供奉的送子张仙，宋太祖说很好很好，结果官中一下子流行起了挂孟昶的画像。

赵匡胤的弟弟宋太宗赵光义和他哥哥一样，人家说龙生九子，各有不同，但在好色与无耻上他和他的哥哥没有半分差别。在灭南唐之后，他把李煜夫妇掳到汴京，开始是让小周后进宫，常常十天半个月才让回去，李煜见到小周后唯有相拥而泣。堂堂一国皇帝，用这种男盗女娼、掩耳盗铃的方法来霸占别人的老婆，真难为宋朝的那些史官们要挖空心思为他们这么肮脏龌龊的主子圆谎、遮羞。

后来，李煜不堪其辱，写了首《虞美人》，也就是那首"春花秋月何时了，往事知多少，小楼昨夜又东风，故国不堪回首月明中"。赵光义看了这首词，索性横下心来，用牵机药把李煜毒死，小周后也就彻底被他霸占了。

还有陈后主的妃子张丽华。隋炀帝杨广那时还是晋王，灭陈之后也是一直惦记着风华绝代的张丽华的。结果去收编的大臣高颖认为张丽华女色误国，也没请示，就把张丽华给杀了。杨广气得要命，找了个茬，把高颖给杀了。事实上，杨广和高颖都不是好东西，就因为这些上自帝王，下至以卫道士自居的士大夫都不是什么好东西，而他们偏偏又掌握着社会的决定权和话语权，张丽华、小周后、花蕊夫人、息夫人这些女人的命运才注定是一场悲剧。但息夫人的不死、不言，也就是她的"看花满眼泪，不共楚王言"，我以为，却是这种悲剧里最大的亮色，最有价值的内涵。

真是"千古艰难惟一死，伤心岂独息夫人"！

青丝纤手成陈迹，举案齐眉已隔生

——孟光与梁鸿的故事

不知从何时开始，我就有个疑惑：女人到底是长得美容易获得幸福呢，还是长得丑反倒容易获得幸福？

说出这个问题，我担心很多人会笑话我。

男人会笑我无聊，因为男人大多都有一种本位主义，也就是大多数男人会有这样的思维定势：离开了男人谈女人的幸福，那不是荒唐吗？

女人呢，大概会笑我荒唐：这么弱智的问题，你居然也提得出来。这答案不是明摆着的吗？当然是长得美才有幸福，要不街上那数不清的美容院开个什么劲呢？说得也是，大概天底下没有一个女人不这么想。

但我以为，女人选择这个答案是当局者迷，男人看不清这个问题，则是一叶障目，被美色迷了眼。"乱花渐欲迷人眼"，那说的就是男人。

当然，对这个问题，我虽然不同意大多数人的看法，但也没有一个非常绝对的答案。比如说在一般人的生活中，我就不知道答案到底是怎样的。也就是说，如果美与丑的区分度不太大，换句话说，是女人长得美与长得丑之间的差别不是那么绝对的话，我就不知道到底是哪种更容易获得幸福了。

但是，如果这种美与丑——当然我指的是长得美与长得丑，不是心灵与品德层面的那种美与丑——差别很大，我相信，答案和大多数人想象的就根本不一样了。

事实上，我认为，长得丑比长得美更容易让女人获得幸福。

空口无凭，我们让历史来说话。

来看一下历史上最有名的四大美女：西施、貂蝉、王昭君、杨贵妃。这四大美女可不是我随口说的，那是经过千年时光的海选才选出来的，是史有定论的四大美女，是经得起时间考验的，不是像我们生活中有些人动辄自封的美女。

中国这传统四大美女为千万中国人所景仰，所有的女性恨不得拥有她们那样的容颜，所有的男性恨不能拥有她们这样的佳人。但是细想一下，这四位女子，哪一位得以善终了呢？

西施，就民间传说而言，说她最终与范蠡泛舟五湖，逍遥快活去了。可事实上，这不过是民间良好的愿望而已。前面我们已经考证过西施的结局，较为可信的是墨子的说法，说她最后被越人沉江了，原因正是因为她的美。范蠡也因此心如死灰，才取了个"鸱夷子皮"的怪名字。西施，四大美人之首，纵观其一生，基本毫无幸福可言：自从她出山，就是背负着间谍战的使命的，在吴王夫差身边的十年，强颜欢笑，与心爱的人范蠡天各一方，最终，还被自己人给杀了，致使有情人阴阳相隔。一生到头，哪里能看出些幸福的影子呢？这还不都是她长得太漂亮惹的祸？

貂蝉，四大美女之二。跟西施一样，被王允发现之初，就是被派去做间谍的，安插在董卓身边，离间董卓和吕布，实施反间计。你看，这个现象倒很有趣，四大美女，两个做间谍的，还有一个是派到匈奴的特使王昭君。貂蝉成功地离间了董卓和吕布，董卓被杀之后，她就跟了吕布，可没过几天好日子，不久吕布也在白门楼被杀了。正史里没写貂蝉这个人，《三国演义》里说吕布被杀之后，她被曹兵掳走了，然后就再也没提到过。我想，不论是落到哪个小兵手上，还是落在哪个军阀手上，对貂蝉来说，都很难是一个幸福的结局。

王昭君，第三大美人。《汉宫秋》里写汉元帝后来见了她，"惊为天人"，也就把她当神仙姐姐看。所以王安石写了首诗说"意态由来画不成，当时枉杀毛延寿"。民间传说是画工毛延寿因为没从昭君那儿得到贿赂，就把王昭君故意画丑了，导致汉元帝没能早发现王昭君的美。王安石说，那不怪毛延寿，实在是因为昭君的美根本就画不出来！昭君没办法，"寥落古行宫，宫花寂寞红"，在宫中无声无息地老死，总不会有幸福可言吧？所以，她兵行险着，毛遂自荐去匈奴和亲去了。去国离乡不说，先是嫁给大单于，大单于死后又不得不按匈奴的习俗再嫁给大单于前妻的儿子小单于。昭君不肯，写信回家求娘家人帮忙，结果汉朝这边回了封信，信上三个大字"从胡俗"，昭君只得含泪面对这样的现实，幸福吗？

杨玉环，是这四个人中多少能看出些幸福的影子的人，至少在她的生命中，不像前三位那样充满了那么多艰辛与痛苦。她至少得到过唐明皇的真爱，并且与李隆基度过了相当长的一段幸福时光。但即使这样，只要她位列四大美女的行列，她就逃脱不了那悲惨结局的美女宿命。而且她是四个人中死得最惨最荒唐的。是她的爱人，是跟她七月七日长生殿海誓山盟过的亲密爱人赐了她一根绫带，让她上吊自尽。我想她在生命游离的那一刻，心中的那种巨大的哀怨和痛苦，是死亡本身难以赋予的。

你看，"四大美女"个个都这么惨，这么不幸福。那么"四大丑女"呢？有人问了，有"四大丑女"吗，你瞎掰的吧？

这还真不是我瞎掰，最迟到宋以前，就有好事的文人选出了中国四大丑女。一般女人要在这个排名榜里，那肯定是想："丑成这样，还怎么活啊"，更别提幸福了。但事实上，一般女人还都远没有这四大丑女来得幸福。

第一个就是远古时候的嫫母。她是黄帝的妃子，为人贤惠。因她长相丑陋，黄帝利用她的相貌来驱疫避邪，授予她"方相氏"的职位。方相氏后来就是驱鬼的巫师，是古代丑角的象征。黄帝是中华民族的始祖，传说黄帝败炎帝，杀蚩尤，皆因嫫母内助有功。

排名第二的叫钟离春，是战国时期齐国无盐（今山东东平县东部）人。这个女人凹头深目，鼻孔朝上，喉结肥大，头发稀疏，皮肤像烤漆，书上说她"极丑无双"，快四十岁了还没嫁出去。不过相貌的缺憾并不能扼杀钟姑娘的雄心，她不仅知书达礼，还关心国家大事。

一天,她来到齐国的都城临淄,见到了齐宣王。齐宣王是谁呢?就是那个喜欢听数百号人同时吹竽,结果被滥竽充数的南郭先生忽悠的家伙。她一见齐宣王就说:"你完蛋了,你完蛋了,你完蛋了,你完蛋了。"齐宣王让她给弄懵了,赶紧问怎么就完蛋了。

钟离春就给他提了四条意见:一是缺乏人才储备;二是听不进别人的意见;三是沉湎女色;四是乱建楼堂馆所。宣王觉得钟离春的意见很中肯,就采纳了。尤为可贵的是,宣王对第三条意见非常重视,为了表明自己痛改前非,让钟离春做了王后。元朝人还将钟离春的事迹编成杂剧,赞扬她这种以天下为己任的精神。

排名第四的丑女,是三国时期曹魏大臣许允的老婆。许允的妻子名字叫什么,史书上没有记载,她爸爸叫阮共,所以人们一般称她许允妻或是阮氏女。

许允在《三国志》里是有传的,是个名人。新婚之夜,许允发现阮氏女容貌丑陋,匆忙跑出新房,不肯再进。后来,许允的朋友桓范来看他,对许允说:"阮家既然嫁丑女于你,必有原因,你得考察考察。"许允听了桓范的话,果真跨进了新房。但他一见妻子的容貌又要拔腿往外溜,结果被妻子一把拽住。

许允问妻子:"女人的四德(封建礼教要求妇女具备的妇德、妇言、妇容、妇功四种德行),你有多少?"女人回答:"我缺的只是容貌罢了。读书人要有百行,你有多少?"许允答:"我都有。"女人说:"百行以德为首。你好色不好德,怎么能说你都有呢?"女人的话让许允哑口无言。从此夫妻相敬相爱,感情和谐。

　　细心的读者会发现,怎么只有三个?这排名第三的是谁啊?她就是我们今天要着重说的"举案齐眉"故事的女主人公,东汉贤士梁鸿的妻子——孟光。

　　据《后汉书·逸民传》记载,孟光"状肥丑而黑",能"力举石臼"。也就是长得又胖又黑,而且力气大。这样的女孩谁敢娶啊!孟光因为生得丑,三十出头了,还没有嫁出去。难得有人给她做媒,她还不肯嫁。她的父母就很是着急,问她到底想嫁一个什么样的人呢?姑娘回答得倒也干脆:"我只嫁给像梁鸿一样贤能的人,其他任何男人都不嫁!"

　　梁鸿是什么人?他是东汉的大名士,风度翩翩,博学多才,而且人品高尚,是明星级的人物。当地不少达官贵人、名门望族,都想把女儿嫁给他,但梁鸿对这些大户人家的姑娘都看不上。所以当地人听了孟光的话后,都讥笑她是癞蛤蟆想吃天鹅肉。孟光倒也不脸红,她宣称只爱梁鸿的才情与人品,认定梁鸿就是自己的梦中情人。

　　梁鸿不知通过什么途径听说了同县有一位女子孟光,是自己的铁杆粉丝,非自己不嫁,深受感动。一打听,却是个丑姑娘,心里立马凉了半截儿。但转念一想,女孩子人长得丑点没什么关系,只要品行好就行。她宣称爱我的人品,那她自己也一定是个有品行的姑娘。于是，他做出了个令当时人惊骇的决定：娶孟女为妻。于是，也才有了后来"举案齐眉"的佳话。

那么，梁鸿看中了孟光的哪些品行，或者说，孟光的哪些品行打动了他呢？

举两个例子来看一下。一个就是刚结婚的时候。新婚的当天晚上，本来该是洞房花烛夜，梁鸿却独自一人走进了自己的书房埋头读书，之后一连七天将新娘冷落一旁，不理不睬。这到底是怎么回事？小夫妻新婚燕尔，难道就出现了感情的裂痕？孟光应该如何应对这场婚姻危机呢？作为女人，一般情况下不外乎两种选择。一种是大吵大闹，吵得不行就离婚。一种是逆来顺受，恪守三从四德，坐守空房，但这样的婚姻实际上是名存实亡。

孟光不愧是一个有智慧的女子。她既没有选择大吵大闹，也没有选择逆来顺受，而是等待合适的时机主动出击，成功地化解了双方的隔阂，结束了这场没有硝烟的冷战。

到了第八天，新娘孟光看到时机已经成熟，便主动来到梁鸿的书房，跪在梁鸿的身旁，不卑不亢地问道："我听说夫君是个品行高洁、淡泊名利的君子，所以才以身相许。现在，夫君将我迎进了家门，却一连七天对我不理不睬，全不合夫妇之道，不知是何缘故？"

梁鸿放下手中的书本，表情凝重地说："我是听说你心地善良，品行端正，朴素大方，所以才娶你。你现在整日穿着绫罗绸缎，面施粉黛，这难道是我梁鸿所想要的吗？我的妻子应该是荆钗布裙,能跟我一起归隐山林的人呀!"

孟氏听后,恍然大悟。这时候就表现出她的聪明来了,她莞尔一笑,对梁鸿说:"我这身打扮就是来试探夫君志趣的。其实我早已经准备好了荆钗布裙。"说完转身出去,不一会儿,脱去新娘的绮罗之服,换上粗布衣服忙起家务来了。

梁鸿见了大喜:"这才是我梁鸿的妻子啊!"于是就给孟氏取名孟光,字德曜。孟光的名字就是指她品行与志趣的光明。

孟光欣然接受了老公取的这个名字,可以看出她在人生理想与生活情趣上开始与梁鸿步调一致,这对于夫妻生活来说是很重要的一件事。孟光的主动沟通,不仅化解了一场婚姻危机,而且使她和梁鸿的婚姻生活走上了良性循环。

再一个例子就是梁鸿落难之后。前面我们说过,梁鸿是个大才子,是文坛的大腕,是东汉帝国公众关注的人物。一次梁鸿出函谷关,经过京城洛阳,登上北芒山,见宫殿华丽而百姓困苦不堪,抑制不住心头的愤怒,就写了一篇著名的《五噫歌》:

陟彼北芒兮,噫!顾瞻帝京兮,噫!宫阙崔嵬兮,噫!
民之劬劳兮,噫!辽辽未央兮,噫!

大意就是:登上高高的北芒山,俯看脚下的帝京城,宫室是多么巍峨,老百姓的苦难,却永远没有尽头啊!这首歌就像我们今天的流行歌曲一样迅速在社会上流传开来。这下不得了了,汉章帝刘炟听说后，勃然大怒，派人捉拿他。梁鸿一下子成了全国通缉犯。

在新的危机面前，他们夫妇又是如何应对的，他们的婚姻能经得住危机的考验吗？

梁鸿、孟光夫妇眼看着老家待不下去了，于是一路逃亡，最后逃到我们今天的无锡才定居了下来。千里逃亡之中，孟光毫无怨言，给了梁鸿精神上极大的鼓励。

到了吴地之后，梁鸿隐姓埋名，投在富商皋伯通的门下做雇工，住在狭小的侧屋里。白天梁鸿为人舂米，晚上当他拖着疲倦的身子回家时，孟光已经为他做好了可口的饭菜。这时候的孟光做了一件名垂史册的事情。为了对这个身处逆境却依旧品行高洁的丈夫表示尊敬，她每次送饭的时候不抬头直视丈夫，而将盛着饭菜的食案举得跟眼眉一样齐。这就是著名的"举案齐眉"的典故。

请注意，孟光的这个行为不是发生在梁鸿得志时，而是发生在梁鸿落难后，这才显得难能可贵。这对丈夫不仅是尊重，还有感激、理解、抚慰，种种情感，包含其中。男人得妻如此，婚姻怎能不幸福呢？

有一次，这举案齐眉的场景给雇主皋伯通看见了，他惊叹道："我有万贯家财，妻妾尚不能这样对待我。梁鸿如此处境，却能使妻子这样敬重他，看来绝非凡人！"于是换了自家正屋宅院内的大房间给梁鸿一家人居住。自此梁鸿得以潜心学问，闭门著书立说。后来梁鸿病死，孟光携子回到梁鸿老家平陵，潜心教子，无疾而终。

后来的中国男人都很羡慕梁鸿，认为他有一个举案齐眉的妻子，有一个敬爱丈夫、以丈夫为中心的妻子。其实不然。孟光不像西施或貂蝉是作为男人的工具或附属品出现的，她的举案齐眉不是一种谄媚、依附或者屈从，而是一种主动、积极甚至是光明的交流与沟通。在夫妻间，这种相互沟通、相互尊重甚至相互迎合，是最好的幸福添加剂。孟光虽然长得丑，但她的微笑在梁鸿的眼里一定是最光明、最灿烂的。

曾经有这样一个女子出现在你的生命里，而你牢牢地抓住了她，人世间最幸福的事莫过于此。假如命运可以重来一次，我想梁鸿也一定会对孟光说出三个字："我爱你！"

所以，美与丑是天注定，而幸福不幸福却是在自己的手中。

诚知此恨人人有,贫贱夫妻百事哀

——朱买臣休妻的故事

说到离婚,这大概是个既非常沉重又非常简单的话题。

沉重之处在于现在离婚率太高,而且是越来越高,人们对离婚现象也越来越麻木了。更多的单亲家庭,更多的情感与财产纠纷,让这个世界变得越来越让人看不懂。

简单之处在于,现代人对离婚现象见怪不怪,碰上离婚的现实也很容易接受。男人女人离婚的时候不再死去活来,不再想不开,谁离了谁不能活呢?在电视剧《中国式离婚》里,决定情感进程的,可以说是宋建平,但决定离婚进程的,却是妻子林小枫。一个妻子,或者说一个女人决定了一个家庭的离婚进程,这要放在古代,那绝对是让人难以想象的。

说起古人的离婚,比起现代人来,那就简单多了,但也畸形多了。

最早有关离婚的法典明确地说应该是出现在唐代,但早在秦汉,甚至是先秦时期,就有了约定俗成的社会规范。当然,严格来说,中国古代没有离婚,只有休妻,所以说这是一种畸形的离婚形式。有关休妻,《唐律》中规定了"七出"之法,但它早在秦汉时期就有了原型，当然那时候不叫"七出"，叫"七去"，或者"七弃"，其实都是一回事。就是女人犯了这七条，也就是"七宗罪"，男人就有权休了妻子，而且社会舆论与法律还都是支持他的。

到底是哪七宗罪呢？

说起来也很无聊，汉代《大戴礼记》的"七去"记载，第一条，"不顺父母"。它说的是做媳妇的不孝顺公婆，但字面意思是只要不顺着那就是不孝顺。什么事儿都要顺着公婆，实在是有些为难人。

第二条，"无子"。就是不生孩子。现代科学告诉我们，生不了孩子有女人的原因，也有男人的原因，大多数时候还是男人的原因居多，责任怎么就都推到女人身上去了呢？

第三条，"淫佚"。这里它说的主要是婚外恋，也就是说男人在外面寻花问柳是正常的，但女人除了老公之外还有异性的亲密朋友的话，那就算是淫佚了。

第四条，"妒"。就是妒忌，都说女人小心眼儿，这是女人正常的心理特征，况且爱人的眼里容不下沙子，要一点儿妒忌心都没有，那还有什么爱情呢？

第五条，"有恶疾"。人吃五谷杂粮，谁能保证不生病啊？生病就得被休掉，这一条太没人性，太不人道。

第六条，"口多言"。我觉得这是七条里最荒唐的。女人多说话也犯法，这不诚心为难人吗？男人多说话那叫能言善辩，女人多说话就叫"口多言"。现代科学研究告诉我们,女性天生在语言上就比男性更具天赋。能说的反而不让她说,这七出之条果然很畸形,很违反人性。

第七条,"窃盗"。看上去这好像是七条里最合理,也是稍微能说得过去的。可事实上《大戴礼记》里主要指的是在自己家中的窃盗。家中一切财产都是男人的,女人不经男人同意私拿家中财物就属窃盗,怪不得男人们写的典籍里老说嫦娥奔月是"窃"了后羿的不死药才升的天。这要放在现在,那些管着男人工资卡的老婆大人们可都怎么活呀?

所以我一直说,现在的女性都很幸福,没有生活在那个荒谬的年代里,可以不再生活在那种畸形的婚姻里。但反过来,男人们或许就有些失落了。尤其是有些大男子主义情结的男同胞们,想起古代那种以男人为绝对中心的婚姻生活,心里未免会有些复古主义的情绪。也难怪,现在越来越多的男人上得厅堂,下得厨房,这还不够,连离婚这档子事,像宋建平这样的,都得看老婆的态度来定夺。从某种极端的意义上说,就是老婆休掉了老公,这在古代怎么可能会发生呢?

但你还别说,别以为古代就完全没有"休夫"的事儿。汉代的朱买臣休妻,实质上就是一件"休夫"的离婚事件。

关于朱买臣休妻的故事,绝大多数人是从戏曲里知道的。确实,因为这个故事太独特、太离谱,在古代的影响太大,所以成为戏曲里代代传唱的重要剧目。到明清的时候,就有多部传奇演绎这个故事,其中的《烂柯山》至今仍在舞台上演出;流传至今的福建梨园戏剧本《朱买臣》甚至可能早于《烂柯山》等传奇的年代。这个故事还被更多的剧种翻演,最著名的就数汪笑侬改编的京剧《马前泼水》了。几乎可以这么说,差不多自从中国有戏剧的时候起,朱买臣的人生际遇就被一代又一代人搬上了舞台。那么,戏曲里的朱买臣是怎么"休妻"的,或者说是怎么被老婆休掉的呢?

在戏曲里,这个故事大体是这样的:

苍翠茂盛的烂柯山下,住着一位读书人朱买臣和他的妻子崔氏。朱买臣为人老实厚道,每日苦读诗书,但运气不好,科举考试屡屡受挫。他家境贫寒,无以为生,只得到烂柯山上砍柴度日。

多年以来,崔氏跟着丈夫过着清苦的生活,渐渐地她有些不耐烦了,脾气越来越坏,她从心里看不起丈夫那副穷酸的样子,说话就越来越尖酸刻薄。朱买臣有口难言,只得默默忍耐。

有一天,天寒地冻,大雪纷飞,朱买臣饥肠辘辘,被崔氏逼着到山上砍柴。他以为多砍些柴草卖掉,买回米面,妻子就会高兴起来。谁知崔氏另有打算:她让媒婆为自己物色了新的丈夫——家里还算富裕的张木匠。

朱买臣一进家门,崔氏就提出要他写下休书。朱买臣痛苦地请求妻子再忍耐一时,等他考中得官,日子就会好起来。崔氏却坚定地表示,即使朱买臣将来做了高官,自己沦为乞丐,也不会去求他。朱买臣见她全然不顾多年的夫妻之情,只好写下了休书。

不久，朱买臣考中进士，做了太守。崔氏得知后心慌意乱，她想木匠怎能跟太守相比，太守夫人享的是荣华富贵呀！她决定去找朱买臣，不要现任的丈夫了。崔氏蓬头垢面，赤着双脚，跑到朱买臣面前，苦苦哀求他允许自己回到朱家。

骑在高头大马上的朱买臣若有所思，让人端来一盆清水泼在马前，告诉崔氏，若能将泼在地上的水收回盆中，他就答应她回来。中国人有句成语叫"覆水难收"，就是从这儿来的。

崔氏听了这话，知道缘分已尽。她羞愧难当，最后就精神失常了，也有说她最后羞愧自杀的。不过这好像多少有点有损朱买臣的宽厚形象，所以戏曲里大多不说崔氏最后死亡的那种结局。

崔氏到底最后是自杀了，还是没自杀？是疯掉了，还是死掉了？不要小看这个结局，我认为要是为了衬托朱买臣奋斗历程的话，崔氏是羞愧得疯了还是羞愧得死了，差别都不太大。但要是这出戏真正的主角不是朱买臣而是崔氏，那她是疯了还是死了的结局就非常关键了。这不仅牵扯到这个女人的一生形象，还牵扯到朱买臣的本来面目。我们今天解读这个故事，就是为了不让朱买臣老婆的死，以及她死之前的光辉形象，被一种精神失常的假象给糊里糊涂地糊弄过去。

首先我们来看看，这个故事里有几个重要的疑点。

第一，朱买臣是汉代人，考的哪门子进士？

《汉书》里有《朱买臣传》，明确写道朱买臣是汉武帝时期的人。考进士那是科举考试，而科举考试可是到隋文帝开皇二年才有的，还差着六七百年呢。朱买臣想考，到哪里去考呀？不过话说回来，这在戏曲里也正常，京剧里连战国时候的苏秦都去考过状元。问题是，这里为什么要把朱买臣的进取设置成科举考试呢？

原来汉朝时期的人才选拔制度叫察举制，也就是说你有德有才，有了一定的社会声望，才会被地方基层政府层层推荐上去。在这种制度下要想脱颖而出，就要有好的名声和不断的人生积累，不是一个阶段的奋发图强可以一蹴而就的。

问题是，如果是这样的话，朱买臣在受到被老婆休掉的羞辱后，即使痛定思痛，也未必就能咸鱼翻身。而改成科举考试，这个故事就可以变成一个成功的励志故事了。崔氏就是朱买臣开始奋斗过程的那根导火线，是他命里注定要受的挫折，他只有经过被老婆休掉这一难、这一关，才能脱胎换骨，才能凤凰涅槃，走向辉煌和成功。

第二个疑点，朱买臣被老婆休掉的时候，他已经四十多岁了。他自己说的"算命的说我，年五十当富贵，今已四十多，你跟我苦了恁许久（就是苦了那么久的意思），再过几年，可就该过好日子了"。

我觉得这个男人很可笑，老婆要跟他离婚的时候，他找出来的理由不可谓不神奇，居然连算命的话都拿出来了。虽然后来果真是这样，也只能说是碰巧啊，是瞎猫碰着死耗子，但在离婚的当时，可是一点影儿也没有的事儿。当然，这个我们可以不去管它，但从他的话里我们至少可以看出来，崔氏跟他离婚的时候，朱买臣已经快五十了。

古人的法定结婚年龄，男人是十五岁，女人是十四岁，所以我们就算朱买臣穷，讨不起老婆，至少到二十岁也该结婚了。从二十岁结婚起，到四十几岁离婚，崔氏跟着他受穷，至少也受了二十几年了。为什么以前没有受不了，而就在朱买臣要考中进士前就受不了那份习以为常的穷了呢？要说是再嫁的老公条件好，她不过再嫁给了张木匠，又不是什么大款、大腕的；要说是跟朱买臣彻底没感情了，等到朱买臣做太守了，她怎么又肯违心地腆着脸来求这个她已经没感情的男人呢？

第三个疑点，朱买臣发迹后，崔氏既然肯腆着脸来找他，也就是说她已经放下了架子，放下了面子也放下了里子，甚至是脸皮、尊严什么都不顾了，怎么会因为一个"覆水难收"的智力游戏，就那么知趣地算了呢、疯了呢？这不符合一个泼妇甚至一个悍妇的表现。

说到底，在崔氏身上，体现出很多矛盾的地方。之所以会有这些矛盾的地方，原因只有一个：为了朱买臣！

为了突出朱买臣的光辉形象，崔氏该矛盾的地方就矛盾，该舍弃的地方就舍弃，该被丑化的地方就被丑化，该被扭曲的地方就被扭曲。

可以看出，戏曲的故事情节在男权社会的强大影响力之下，一切为了励志与奋斗的主题服务，一切为了朱买臣的"高大全"

形象服务。所以虽然是崔氏休了她的老公,看上去很特殊、很离奇,其实不过是一个愚蠢女人的愚蠢表演而已,根本没有对婚姻生活里的男权主体意识带来半分冲击。

所以就有了第四个疑点,朱买臣的老婆,她到底姓什么?

有人会说,这不很清楚吗,她不是姓崔吗?事实上,朱买臣的老婆在昆曲《烂柯山》和京剧《马前泼水》里叫崔氏,在元杂剧《渔樵记》里姓刘,在梨园戏《朱买臣》里又姓赵。

说老实话,我觉得让人愤怒的就是为什么朱买臣的名字从来没有被写错过,而朱买臣的老婆在戏曲里大家就可以随便给她按个什么名字。有人会说,这种愤怒毫无意义,封建社会里女子作为男人的附庸不都是被随便称呼的吗?这种事多了去了。本来也确实是这样,但在我看了《汉书·朱买臣传》之后,就觉得戏曲里这样对待、这样诬蔑这位没名没姓的朱买臣的妻子,就尤其让人,最起码是让我觉得愤怒了。

《汉书·朱买臣传》有关于朱买臣休妻事件最早的记载。在说到他们的离婚缘由时《汉书》是这样说的:

> 买臣家贫,好读书,不治产业,常艾薪樵,卖以给食,担束薪,行且诵书。其妻亦负戴相随,数止买臣毋歌讴道中。买臣愈益疾歌,妻羞之,求去。

这段话的意思就是,朱买臣家里很穷,但老婆跟他同甘共苦,跟着他一道去砍柴、去卖柴。朱买臣有个习惯，喜欢当众大声诵读。有一次卖柴路上，快到集市了，他又大声吟诵，大概读得又不好听，他老婆听了就来气，就让他不要读了，说大庭广众之下难为情。朱买臣大概也有些犟，老婆越不让他读，他读得越响，越来劲。老婆一赌气，就说这日子没法过了，跟着你丢不起这人，离婚！结果是"买臣不能留，即听去"，注意这个"听"，古文用在这儿有"听任她去"的意思。可见二人离婚，纯属偶然事件所导致的赌气行为。

后人上纲上线，为朱妻辩护的人说，她提出离婚是因为朱买臣的"不贤"，朱买臣大庭广众之下这样有失体统，不是"不贤"是什么？老实说，这也拔得太高了点儿。为朱买臣辩护的人说，朱妻的离婚就是因为朱买臣的贫贱。易中天先生在他的《中国的男人和女人》一书里就说："朱买臣的妻子和他离婚，实际是因为他的'贫贱'，而不是因为他的'不贤'。"我觉得易中天先生是受了戏曲的误导，那是后世的男权社会对一个纯朴率真女子的诬蔑。

在离婚之后，朱买臣发迹之前，《汉书》还记载了一个细节，颇为感人。《汉书》说："其后，买臣独行歌道中，负薪墓间，故妻与夫家俱上冢，见买臣饥寒，呼饭饮之。"

也就是说后来朱妻另嫁之后，一次路上偶遇饥寒交迫的朱买臣，这个已经另外嫁了人的朱妻还是主动接济了他。这让我想起唐琬再嫁之后，有一次随老公游沈园，偶遇前夫陆游，也主动给他递来一杯水酒，陆游因此才有了"红酥手，黄縢酒，满城春色宫墙柳"的伤心感慨。这样的女子如此有情有义，怎会是一个悍妇和泼妇呢？

再后来，就是朱买臣发迹了。《汉书》还记载了他回乡之前的一个小细节，"上谓买臣曰，富贵不归故乡，如衣绣夜行。今子何如？买臣顿首辞谢"。就是汉武帝对朱买臣说："你以前穷得要命，现在富贵了，不衣锦还乡，回去显摆显摆吗？"朱买臣就欣然答应了。可见朱买臣回乡前那种一朝得志、咸鱼翻身的心态。回乡之后，"会稽闻太守且至，发民除道，县长吏并送迎，车百余乘"。果然是显摆的，阵势搞得很大，也不管什么扰民不扰民了。

气势铺垫了之后，关键的地方来了，《汉书》写朱买臣"入吴界，见其故妻、妻夫治道"，就是说在路上碰到了朱妻和她现在的丈夫。

我就纳闷了，是偶然碰上的吗？怎么会这么巧呢？

是朱妻主动来见他的吗？那不是自取其辱吗？

是像戏曲里说的那样，朱妻想跟朱买臣重归于好吗？那为什么要跟现在的老公一起来呢？

会不会还有一种可能，是朱买臣主动派人把这夫妻俩请来的呢？这一点可能性有多大，我们看后面的描写就能明白。

《汉书》接着说："买臣驻车，呼令后车载其夫妻到太守舍，置园中，给食之。"看上去还不错，朱买臣把朱妻和她现在的老公都接到太守府里去住了。但是紧接着，发生了重大的变故。

在到太守府之后，怎么过的，怎么聊的，怎么叙旧的，一切都没说，班固写《汉书》时只在他们去太守府后紧接着来了一句："居一月，妻自经死。"

怎么突然就自杀了？

现在我们可以知道朱买臣的老婆到底是怎么死的了，不是死于神经性功能衰竭，也不是死于精神病，是上吊自杀而亡！那么她为什么要自杀？如果是羞愧得要死，那她一见到朱买臣的时候应该最羞愧，那时候为什么不死？初到太守府为什么不死？却要等羞愧之心晾了一个月了才去死？我们知道，再难过，再后悔，再羞愧，事情过了，劲头过了，也就渐渐平息了，怎么会平息了一个月后反倒选择了自杀？

《汉书》写到这儿，没有评论，只是冷冷地、客观地记了一笔。连班固都没说，谁又能说这个女人就是为羞愧而自杀的呢？况且实在没法面对前夫，走掉就好了，和现在的穷丈夫回家好了。你过你的锦衣玉食，我吃我的粗茶淡饭。你当年贫穷，我跟你贫穷过；你当年落难，我也接济过你。就算是在老天爷面前，这个女人也不欠朱买臣什么，她凭什么要为他而羞愧得自杀？

还有，就人类的历史来看，大多数人的自杀，要么求解脱，要么求反抗。我不由得经常会想，朱买臣妻子的自杀，到底会属于哪一种呢？

朱妻死后，"买臣乞其夫钱，令葬"。就是给她丈夫钱来安葬这位前妻。

读到这儿，我很佩服班固，他在朱买臣妻死的事上，一路写来，全无评论，但春秋笔法，自在其中。

最后一句尤其精彩，说买臣"悉召见故人，与饮食，诸尝有恩者，皆报复焉"。就是说他回乡唯一要干的事，就是当年对他有恩的人，他都一一报答了。有恩的报恩，那有仇的呢？看上去，在朱妻的事上，他好像是仇将恩报了，但朱妻的死，却将一个狭隘男人的本来面目隐约地揭露了出来。

说老实话，在朱买臣休妻的这个故事里，最让我感慨的不是朱买臣，而是被称作"朱买臣妻"的那个女人。她固然是因为沾了朱买臣的光才名列青史的，但看她的为人，除去戏曲作品中对她的诬蔑不谈，我以为她虽然没名没姓，但并不辱没那部伟大的《汉书》。

在我看来，《汉书》里有名有姓的那么多角色，甚至包括朱买臣自己在内，就做人而言，都未必比得上这样一个没名没姓的女人。

归凤求凰缱绻意,时人寥寥不复闻

——司马相如与卓文君的故事

卓文君和司马相如,到底是一个美丽的爱情与婚姻的故事,还是一个丑陋的谋财与劫色的故事呢?

比如说,卓文君与司马相如的故事,王立群先生说这是一个"让人恶心的劫财与劫色的故事",说"流传了两千年的美丽的爱情故事其实不过是一个美丽的骗局而已"。王老师是学界前辈,我作为后学对他很钦佩,但这种说法,我认为于情于理都是很难说得通的,也是很难以服众的。

王老师主要根据《史记》《汉书》和《西京杂记》的记载,以及一些民间传说,分《琴挑文君》与《情变之谜》两个部分,讲述了司马相如与卓文君的故事。

在《琴挑文君》里,即相如文君故事的爱情阶段,王老师重点突出了司马相如对卓文君以及卓文君的父亲卓王孙的骗婚过程。说司马相如是成都人,原来家里还是较富裕的。曾在汉景帝朝做过郎官,又随梁孝王去做了一段时间文学侍从,后来辞职不做了,回到了成都。这时,家里已经很穷了。他就跑到临邛,就是现在的四川邛崃,和他的朋友,当时的临邛县令王吉,演出了一出双簧戏。王吉先是给他配备了香车宝马，一身行头搞得漂漂亮亮，又把他安排到县里最好的宾馆里，然后每天去拜访司马相如。司马相如则故作姿态，县令来拜见，也不接见。王吉就锲而不舍、恭恭敬敬地每天都去拜见。结果，县里的富豪之间一下子就传开了，说有这么一个名人叫司马相如的到县里来了，县令天天去拜见他，他也不见，不知道是什么来头。

县里最富的富豪就是卓文君她爹卓王孙，据王立群先生说他当时是全国首富。这个卓王孙就置办酒席，将司马相如和县令王吉请到家里来做客，司马相如欣然而往，在席间弹了一首琴曲叫《凤求凰》，打动了在屏风后偷听的卓文君的心。当夜，卓文君就跟着司马相如私奔了。卓文君跟着司马相如回到成都傻眼了，因为这时司马相如已经很穷了，《史记》记载他"家居徒四壁立"，穷得就剩四面墙了。王老师说卓文君看到这个现实，知道受骗了，但没办法，只好回临邛跟老子要钱，卓王孙正在气头上，声称要跟女儿女婿断绝关系，一个子儿也不给。

卓文君和司马相如就对着老丈人家开了个小破酒馆，文君当垆，相如跑堂，摆开了架式，生意热闹得跟同福客栈一样。卓王孙最后丢不起这脸，只好认了女儿女婿，又给了大量钱财，司马相如这才和卓文君回来成都，过起了富裕的生活。

在《情变之谜》里，也就是司马相如与卓文君的婚姻阶段，王老师主要根据民间传说，讲了司马相如被汉武帝重用之后，曾两度想要抛弃卓文君，但都在卓文君义正词严的谴责下悬崖勒马，并最终维持了他们的婚姻生活。司马相如之所以最终没有走出背叛卓文君的一步，关键之处和他追求卓文君一样，都在于一个"钱"字。王老师还提供了一条佐证，那就是他认为司马相如在受汉武帝赏识重用之后，还是不喜欢在官场上向上爬，关键也是因为他拥有卓文君的雄厚的物质生活财富，不需要再到官场里去打拼了。

总之，不论是《琴挑文君》还是《情变之谜》，不论是司马相如追求卓文君的爱情阶段，还是司马相如背叛卓文君的婚姻阶段，对司马相如来说，其一切行为的最终目的，也是最开始的出发点，王立群老师认为都是一个"钱"字，所以这场爱情与婚姻完全是一场美丽的骗局而已。

我们不妨来看一下，王立群老师在这里提出的五大主要论据。

第一，"阴谋与爱情"。也就是说司马相如的爱情故事是一场阴谋与爱情的故事。王老师重点强调了司马相如与县令王吉先策划，后得手，用欺骗的手段获得了卓王孙的财与卓文君的色。最后当文君跟着相如私奔到成都，看到"家居徒四壁立"的残酷现实时，才明白这是个骗局，也就是说明白相如是用了欺骗的手段，但为时已晚，王老师给出了文君当时的两种选择，一是戳穿骗局，二是帮助隐瞒。最终文君选择了第二个。

我以为王老师的这种解读，至少犯了两个错误。

第一，他不懂卓文君对爱情的理解，或者说，他不懂一个爱情中的女子的心情。

作为全国首富的女儿，卓文君十七岁刚刚嫁人不久，就成了寡妇，换句话说是激情燃烧的岁月刚刚开始燃烧，就被命运熄灭了。好在命运又把司马相如送到了她的面前，爱情的火焰再次点燃。在这种情况下，像卓文君这样的女子，她看重的会是钱财吗？她会因为看到司马相如的家里"家徒四壁"而失望吗？肯定不会。说不定，她还高兴这样呢，这从卓文君自己主动提出回临邛跟她爹要钱，反倒可以看出她的这种兴奋与激动，因为这样她就可以帮助司马相如了。一个爱情中的女子最开心的事，就是为她的爱人做她力所能及以及力所不能及的所有的事。

第二，王老师将这段爱情解读为一场阴谋与爱情，是因为在王老师看来，司马相如和县令王吉是有预谋、有计划，通过非常手段抱得美人与钱财同归的。但问题是这是一种什么样的手段呢？

我们前面讲了，县令王吉和司马相如演了一出双簧戏。很巧，在"五四"新文化运动的时候，也有这么一出双簧戏。1918年的时候，复古派反对新文化运动和文学革命，但暂时没有人公开出来讲话。于是钱玄同把社会上的各种反对意见归纳起来，化名"王敬轩"，给《新青年》写了一封信，来攻击新文化运动，然后再让刘半农写回信予以批驳，两封信同时发表，名为《文学革命之反响》。

这一争论，就引起了社会广泛的注意。其实，不过是自己人骂自己人。但钱玄同和刘半农的双簧戏，正式拉开了新文学运动与封建复古主义斗争的序幕，这在文学史上很有名。按照司马相如被界定为"阴谋与爱情"的逻辑,这岂不是也要被界定成"阴谋与革命"了?所以,司马相如的双簧戏顶多就是一种为了获得爱情的策划,不能算是损人利己的阴谋。这种策划生动、有趣,还有效,又不损害别人的利益,我认为这在青年男女的爱情生活里,根本就无可厚非。

王老师的第二大论据是"财在色前"。就是王老师认为该怎样给司马相如这个人的人品定性,关键是看"谋财"在前还是"谋色"在前,换句话说就是他主要是为卓王孙的财去的,还是为卓文君的色去的。为色去的,尚让人同情;为财去的,就实在是人品低下,让人恶心了。

王老师认为司马相如首先是为财去的。因为从色上看,正史上并没对卓文君美色的描绘,而且她还是个寡妇。而《史记》却说司马相如"甚都",也就是长得极漂亮、极潇洒的意思。说他出现在酒宴上的时候,"一坐尽倾",所有人都为他的风采所折服。而他此前也没见过卓文君,所以他不该会是为一个可能长得很一般的寡妇策划了这么麻烦的一场双簧戏。既然不是为色去的,那就是为财去的了。

老实说,我觉得这个推论有些一叶障目、不见其余的嫌疑。

首先,卓文君长得怎么样,《西京杂记》里还是有一些蛛丝马迹的。《西京杂记》里说卓文君"姣好,眉色如望远山",说她眉毛的化妆手法很特别,形状像望远山,是当时时尚之美的代表。后来苏东坡有诗说"相如有家山,缥缈在眉绿。谁云千里远,寄此一颦足"，就是说虽然相如出差远在千里之外，但只要想起卓文君的一颦一笑，那眉目传情的极致之美，仿佛就在眼前。所以不能说卓文君就长得比司马相如差。况且，双簧戏的另一个重要人物就是临邛的县令王吉。司马相如没见过卓文君，王吉不一定没见过。通过王吉，了解到卓文君的才色俱佳完全是有可能的，这不正是司马相如这种才子所热衷于追求的佳人吗？

其次，卓文君是个寡妇不假，但她不过才十七岁，新婚不久即丧偶，况且汉人对再嫁看得很开放很平常，一个寡妇的身份并不能影响文君什么。反过来，相如除了"甚都"之外，《史记》还记载他"口吃而善著书，有消渴疾"。也就是他虽然长得漂亮，琴也弹得漂亮，但他的弱点也是相当致命的。他说话口吃，而且还有糖尿病，"消渴疾"就是糖尿病。《简·爱》里有一句名言，简·爱曾经对男主人公罗切斯特说："如果上帝也赋予我财富与美貌，我一定会让你难以离开我。"卓文君对于司马相如来说，就是一个拥有财富与美貌的吸铁石，司马相如因此去凤求凰，又有什么可以被指责的呢？

说到司马相如的穷，就要说到王立群老师的第三大论据，"钱财决定论"。也就是通观卓文君与司马相如的故事，不论是"琴挑文君"的爱情阶段，还是有着"情变之谜"的婚姻阶段，决定司马相如行为因素的关键都在于一个"钱"字，由此可以看出司马相如的人品如何，由此，也可以见出其爱情与婚姻的成色如何。

求爱阶段的"为钱说"我们刚刚已经反驳过了，再来看看婚姻危机的时候，司马相如是不是也是因为钱，才悬崖勒马的呢？

《史记》说相如"与卓氏婚，饶于财"。看来通过与卓文君的婚姻，司马相如确实发家致富了。但《史记》紧接着又说，"其进仕宦，未尝肯与公卿国家之事，常称病闲居，不慕官爵"。就是说他后来被汉武帝重用了，进了官场了，并不热衷于向上爬。王老师认为他没必要那么辛苦打拼，因为他的物质生活已经很充裕。当后来他要纳小妾的时候，卓文君采取了坚决分手的姿态，这让司马相如产生了极大的顾虑，这种顾虑主要还是在于生活的经济基础，所以他悬崖勒马了。

我想，这种理解恐怕不太符合现实。司马相如想纳小妾的时候，已经是胜利出使巴蜀，平息巴蜀纷争回来，作为功臣在茂陵休养时候的事了。这时候，他已经是一个很重要的外交官，当时的俸禄在二千石，经济生活还要依仗卓文君吗？而且，卓文君和司马相如结婚之后的情感并不是靠钱来维系的。

汉武帝要召司马相如进京，卓文君的态度一是支持丈夫的事业，但同时表达了对两地分居情况下"两情如何久长时"的担忧。司马相如两次情变时，卓文君都不在身边，但通过两封信、两首诗，就把司马相如摆平了，说明他们的婚姻不是靠钱财来维系的，而是靠卓文君这个女人的智慧与才情来维系的。男人就像女人手里的风筝，风筝是属于天空的，事业就是男人的天空，你不放他去飞，他就失去了作为一只风筝的意义。文君很清楚这一点，所以放相如去闯；但风筝飞得再远，作为女人，都应该握紧手中那根细细的线。那根线是什么呢?在文君,就是她的智慧与才情。

所以我以为这个故事对现代人也很有教育意义。要拴住天空里那只拼命飞翔的风筝,钱、财、物都做不得线,只有你自己,只有你自己丰富的内涵与情感,才是那根细细的、却又坚韧的线。

第四个论据,"《史记》曲笔说"。王立群老师认为《史记·司马相如列传》并没有对司马相如的窃财、窃色行为予以揭露与批判,是因为司马迁爱惜司马相如之才,曲笔为之隐讳。

古人常说"文章西汉两司马",就是将司马迁与司马相如并称的。司马迁写司马相如的时候,是不是真的这样"为贤者讳"呢?我们知道,即使是写当世君王汉武帝,或者是写当朝开国之祖刘邦,司马迁都写出了他们真实的面目,这是要冒很大的风险的,但《史记》也正因此获得了"不虚美,不隐恶"的盛誉。就是秉持真实的史学创作精神,它才被称为"史家之绝唱"。如果司马迁因为爱惜司马相如之才而为之遮掩,又怎能谈得上"不虚美"呢?

第五个论据,"后人评说"。王立群老师认为即使司马迁先生是为司马相如辩护的,但相如"窃财、窃色"的行为还是史有定论的。

他举了这样一些人,比如与司马相如同样生活在汉代的扬雄,就在《解嘲》一文中说"司马相如窃赀于卓氏",这里的"赀"就是"财"的意思。后来以教育孩子著名的颜之推在《颜氏家训》里说,"司马长卿窃赀无操",无操就是没品德,我估计这句话对王老师的影响很大。再就是刘勰在他的《文心雕龙》里说："相如窃妻而受金。"这就是既窃财又窃色了。我估计读到这句话，王老师的"窃赀、窃色"说就彻底成形了。还有一个，就是唐代司马贞的《史记索隐》里也提到，"相如纵诞，窃赀卓氏"。"纵诞"是什么意思，就是太荒诞，太不像话，太不道德了。毫无疑问，这些人都是批判，都是指责，所以王立群老师以为他对司马相如的指责也是顺理成章的事了。

这里有三点要注意。

其一，如果古人确实都是众口一词来指责司马相如既劫财又劫色的，也就是说"劫财劫色"说并不是什么创见的话，那就没什么再提的必要。

其二，事实上也不是所有人都诋毁司马相如的这种行为，同样有很多人是持肯定态度的，甚至很多人认为相如文君的这段爱情故事是无比浪漫的。比如说唐代诗人许浑的一首诗里就说"闻说携琴兼载酒，邑人争识马相如"。古诗里经常省略地称司马相如为马相如，这里是说司马相如琴挑卓文君的故事让世人羡慕，人人都幻想自己能成为那个故事里的男主人公。《乐府诗集》里也有首诗说"歌喧桃与李，琴挑凤将雏。风云更代序，人事有荣枯"，用的就是琴挑文君的典故，说它是桃李绚烂的浪漫之事。

其三，说司马相如劫财劫色的都是什么人呢？从某种意义上说，他们都是封建正统思想的卫道士罢了，他们对相如、文君这种感情的不耻，正反证了青年男女这种追求爱情的真挚与不拘束。

这也正是民间为什么会把相如称为情圣,为什么会把司马相如和卓文君看作是追求自由恋爱的榜样与典范的重要原因。

一段美丽的爱情,我想,一定可以感觉得到,却一定难以诉说得清。当十七岁的卓文君立在屏风之后,听着那个为她而来的俊美的男子为她弹奏那首《凤求凰》的时候,那种怦然心动的爱的滋味,一定是最美最美的!

意态由来画不成，当时枉杀毛延寿

——王昭君的故事

我很喜欢台湾作家张晓风的一句话，她说："得到了，就会有失去；得不到的，才永远存在。永恒的距离不变，我的相思就永远不会背过身去。"

关于汉元帝刘奭和王昭君的故事，还得从毛延寿的那一支笔说起。

毛延寿是一个宫廷画师，是一个史有定论的小人。一个小人拿着一支画笔，跟王昭君又有什么关系，这又要从皇帝的老婆说起。

古代皇帝的后宫里到底有多少老婆？这是一个让很多现代人都很困惑的问题。

平常我们会用"三宫六院"这个词去形容皇帝老婆这个特殊阵营的庞大，但事实上，皇帝的老婆并不多。狭义的老婆是指妻，这和民间一样。从夏商周开始，皇帝的妻一般也只有一个，周代称王后，秦以后称皇后，民间传统的说法叫正宫娘娘。但广义地说，老婆不仅指妻，还指妾，也就是民间俗话说的"小老婆"。

皇帝有多少小老婆呢，周代规定周王最多可以有十二个小老婆，其中三个被称为"夫人"，九个被称为"嫔"。连上大老婆，十三个。从秦始皇开始，帝王们开始大规模地讨小老婆，比如说到汉武帝的时候，他除了一个皇后之外，把"嫔"这个层次，也就是"妾"这层次分了十个等级，每个等级十几个人，总数要有一百多人。

看上去蛮多的了，但离一般人的想象还有不小的距离。有人会说了，不会吧，就这么少，我们去过故宫，见过紫禁城，那三宫六院的规模就住这么点人？

这个问题提得好。事实上，在史书中，在我们的印象里，那些荒淫无耻的帝王确实远不止霸占这么点儿女人。但关键是，我们刚才提的那个问题不应该是"古代皇帝的后宫里到底有多少个老婆"，而应该是"古代皇帝的后宫里到底有多少女人"。

有人会问，这两个问题有区别吗？有区别，而且区别还很大，这个区别所造成的影响也很大，尤其对王昭君的命运产生过关键性的影响。

我们很多人都听说过杜甫写王昭君的那首七言律诗，开头两句就是"群山万壑赴荆门，生长明妃尚有村"。杜甫在这里称王昭君为"明妃"。称昭君为"明"是因为到了西晋的时候要避司马昭的讳，所以改"昭"为"明"；但称"妃"，就是明确说王昭君当过汉元帝的老婆，因为嫔妃就是皇帝小老婆的统称。

事实上，这是后世文人在抬高王昭君的身价。

我们刚才讲了，皇帝的后宫里有很多女人，但可以被称为大老婆和小老婆的只有少数人。那么,后宫里剩下的那些数量庞大的女人们又是些什么人呢?

按古代的后宫制度,她们又被分为两类。一类是最低级的宫女婢女,宫女中也有很多随时有可能被皇帝宠幸,从而随时向上升级的。还有一类就是没有小老婆的名分,但随时准备接受皇帝宠幸,从而获得嫔妃的名分。她们中有很多人不能获得嫔妃的名分,最终就只能降级为宫女。这些女人在汉代被称为"待诏掖庭"。应劭注《汉书》的时候说:"郡国献女,未御见,须命于掖庭,故曰待诏。"王昭君就是这样一个待诏的女人,一直到她毛遂自荐要远嫁匈奴的时候,她还没有获得任何嫔妃的身份。

试想一下,如果这时候王昭君已经是汉元帝的小老婆了,哪有一个男人肯把自己的老婆送给别人去和亲的呢?汉、唐两朝实行和亲政策,嫁的可都是公主,哪有嫁老婆的呢?正因为王昭君这个"待诏掖庭"的身份还不是皇帝的妃子,所以才可以远嫁匈奴;也正因为王昭君这个准备成为皇帝老婆的身份,汉元帝把她嫁出去后才把肠子都悔青了,马致远才由此演绎出了《汉宫秋》的悲情故事。

那么,杜甫明明知道王昭君只是"待诏掖庭",他为什么又称她为明妃呢?

我认为原因主要有两点:一是对昭君"和亲"使命的推崇,二是对昭君出塞的同情。其实这两点也是后世大多数人对昭君出塞这件事的态度,但我认为这两点本质上都陷入了一种严重的认识误区。

我们先来看第一点,昭君出塞到底是不是和亲?

晋以后的文人开始把昭君远嫁匈奴定义为和亲。但奇怪的是《汉书》有两处地方,也就是在《元帝纪》和《匈奴传》里分别提到过昭君远嫁匈奴这件事,但都没说这件事的性质是和亲。只说匈奴单于"自言愿婿汉氏以自亲",汉元帝遂"赐亲"于单于。也就是说匈奴来求亲,愿意当大汉天子的女婿,所以汉元帝就赐婚了。但汉代的其他几次和亲,《汉书》都是明确写出了"和亲"两个字的。

我们知道整个汉代,从汉高祖刘邦的白登之围开始,与匈奴和亲就是一项解决匈奴问题的基本国策。

为什么要和亲呢?那是不得已而为之。汉高祖为解决边境的骚扰问题,亲率大军与匈奴开战,结果打不过,还被围在白登,差点丢了老命。后来实在没办法了,手下就献了这么个憋屈的主意,反正也不嫁真的公主过去,找个什么诸侯王的女儿顶着公主的名嫁过去就行了。匈奴一看人家连女儿都嫁过来,还捎一大堆礼品,就安生两天。可过不久老毛病就又犯了,汉朝这边还是打不过,只好再嫁公主,这叫"和亲"。也有不嫁给匈奴的,比如有名的乌孙公主。汉武帝朝就有两个乌孙公主,一个叫刘细君,一个叫刘解忧,都先后嫁给了乌孙国王,与乌孙和亲也是为了联合乌孙,夹击匈奴,所以依然属于"和亲"。

但昭君出塞的时候,情况已大不相同。《汉书·匈奴传》记载,经过一百多年的汉匈战争，到汉元帝的时候，匈奴已经是"大虚弱"，匈奴内部也分崩离析，最多的时候，居然有五个单于在互相攻伐。后来剩下了两个单于，呼韩邪单于和他的哥哥郅支单于。这时候，匈奴已经到了"事汉则安存，不事则危亡"的地步，也就是依附汉朝的一方才能存活下来。

当时郅支单于感到无力对抗大汉，就逃到了今天的伊犁河流域一带。汉元帝建昭三年（前36年），西域都护甘延寿和副校尉陈汤"矫制"，也就是伪造命令出兵，在康居诛斩郅支单于，他们在上疏中说："犯强汉者，虽远必诛！"说得真是掷地有声。

呼韩邪单于看到这个情况，赶快来朝觐，还撒着娇要认岳父。这时候汉元帝四十四岁，而呼韩邪单于已经四十岁，还要认一个比自己大四岁的人为爹。就在这种情况下，昭君出塞，虽然确实对两个民族的交流做出了巨大的贡献，但这绝不是汉代标准意义上的和亲，绝不是乌孙公主那样为解汉朝危难而牺牲自我的奉献与献身。

我们再来看第二点，到底是昭君出塞更值得同情，还是不出塞更值得同情？

李白有首诗，就叫《王昭君》，诗曰："昭君拂玉鞍，上马啼红颊。今日汉宫人，明朝胡地妾。"短短二十字，充满了同情与感叹。感叹什么呢？就是昭君出塞的境遇。

李白为什么觉得这种出塞的境遇让人同情与感叹呢？

其一，汉代和亲的女子们无不有去国离乡的悲痛。《乐府诗集》里记了一首《乌孙公主歌》，据传是乌孙公主刘细君所作，第一句是"吾家嫁我兮天一方"，最后两句则说"居常土思兮心内伤，愿为黄鹄兮归故乡"。远嫁他乡，西出阳关无故人，天涯何人能识君呢？所以李白这些安家固土、不习惯流浪的汉人觉得这很值得同情。

其二，环境恶劣。杜甫诗里说"一去紫台连朔漠，独留青冢向黄昏"。那是极荒凉的地方，文化不通，语言不通，习俗不通，再加上条件差，环境恶劣，哪是一个汉家王妃能生活的地方呢？

其三，胡汉偏见。杜甫和李白都有胡汉偏见，李白说"今日汉宫人，明朝胡地妾"，王昭君明明是去做单于的阏氏的，也就是相当于汉人的皇后，李白却非要说"明朝胡地妾"。杜甫说"千载琵琶作胡语，分明怨恨曲中论"，说昭君嫁到匈奴后，弹琵琶曲时可能要唱匈奴语，仅仅这种形式，就够让人悲愤怨恨的了。这其实表现出了当时汉人知识分子的民族沙文主义倾向——认为一个美丽的汉人女子远嫁匈奴，就是悲惨的，就是悲剧的，就是该值得同情的。

事实上，王昭君去国离乡，确实有让人同情的地方，但她嫁呼韩邪单于后的婚姻生活未必就不幸福。这个道理也有三个方面。

第一个也是最重要的一个原因，就是她不嫁单于，命运可能更悲惨，更值得同情。《后汉书·南匈奴列传》记载，王昭君"以良家子选入掖庭",但一直待诏了好几年,也没能"等闲结识春风面,伴得君王常依栏"。对于这些入宫的女子来说,常常是"故国三千里,深宫二十年",往往只落得"寥落古行宫,宫花寂寞红"的悲惨结局。这是古代君权制度下注定的悲剧,一个个年轻的女子,在那高深的院墙下,只能将饱满而美丽的生命交给干瘪而寂寞的岁月,在无人欣赏、无人喝彩中,像一片花瓣,消逝于尘埃。

对那些美丽的容颜来说,这种无声无息的消逝,都是一种冷漠的充满悲剧内涵的伤害。君王死后,这些女子的命运就更悲惨,大多数要守陵,只有极少数幸运的人能够被发还民间,嫁与普通人为妻。事实上,昭君远嫁匈奴后四个月,汉元帝就驾崩了。她不走,悲惨的结局顷刻就到眼前。

古代的文人为了给这种黑暗的制度遮掩,到晋朝的时候,《西京杂记》中第一次虚构了一个替皇帝背黑锅的人物,那就是宫廷画师毛延寿。说掖庭待诏的女子太多,皇帝也看不过来,就让画师先把每个人的画像画下来,看着画像再选嫔妃。这一下毛延寿就凭着手中一支画笔,大肆受贿。给钱多的就画漂亮,不给钱的就画得极丑。

王昭君绝代佳人,哪肯为"一支笔"而"折腰"呢?她坚决不行贿,这毛延寿就把昭君画得泥塑木雕一般,毫无灵气可言,还在眼睛下面莫须有地点了一颗痣。古代的面相说,长在嘴边的是美人痣,生于目畔则为泪痣,最可怕的是它还有个恶名,叫克夫痣。当然这是迷信，可惜古人不明白，元帝一看王昭君的画像，立刻就抛在一旁。

直到宣布了和亲的婚事，等到王昭君盛装出现在汉元帝和呼韩邪单于这两个男人面前的时候，汉元帝刘奭这才傻了眼，昭君一走，立刻把毛延寿就给杀了。可那个呼韩邪单于却乐坏了。这也是昭君出塞未必不幸福的第二个理由。

呼韩邪单于为什么要求亲，因为他要讨好汉元帝，所以他本来就不会亏待汉朝嫁过去的人。等到他发现昭君竟然又是这么美，就一下子爱上了昭君，立即立昭君为阏氏，也就是皇后，终其后半生，对昭君宠爱有加。当然，我们不知道昭君爱不爱单于，但呼韩邪单于爱她倒是确实的事。对于昭君来说，一个美丽的女子需要人来疼爱，是一条颠扑不破的生活真理。

远嫁匈奴还是老死在寂寞的宫中，走与不走哪一种更幸福呢？答案不言自明。所以我觉得昭君是一个很清醒、很果敢的女子，她适时地抓住了机会，主动要求远嫁匈奴，这是她自己的选择，说明她对走和留的后果已经认识得很清楚了。这样聪明的一个女子，最终驾驭了自己的生活，怎么能说是悲剧呢？

第三个理由，就是昭君在匈奴的生活表现。昭君到匈奴后，用从汉朝带来的种子和布帛，教会了匈奴人种植与织布，终其一生很受匈奴人爱戴，匈奴人称她为"宁胡阏氏"，就是能使匈奴安宁昌盛的皇后，这说明她在匈奴的生活很充实，很丰富，也很有价值。这种生活不最容易带来幸福的感觉吗？

当然，昭君的结局多少有让我们觉得遗憾的地方。呼韩邪单于死了，按匈奴的习惯，昭君得嫁给他前妻所生的长子复株累单于，这是未开化的一种野蛮婚俗。昭君当然不能接受，请求汉政府声援，结果这时候汉朝回了封信，信上三个大字——"从胡俗"。昭君无可奈何，只得又嫁小单于。这多少让人觉得，这个美丽女子的命运真是分外坎坷。

对于风华绝代的王昭君来说，女人渴望的那些幸福，她是得到了还是没得到呢？我相信读者朋友会有自己的答案。但对于汉元帝刘奭来说，他后宫里面那个最美的女子王昭君，他是得到过还是没得到过呢？答案很简单，他本来可以唾手可得，但最终却失之交臂。所以马致远在元曲《汉宫秋》里就揣测说，汉元帝临死前最思念的就是那个曾经一直在他身边，他却一直都没得到的王昭君。这让这个贵为帝王的男人后悔不已，也动情不已。

后人批判说，这种虚构纯属是美化刘奭，就是他一手造成了昭君的悲剧。我倒很同意马致远的这种推测。昭君出塞四个月后刘奭就病死了，这可能纯属是个巧合，但人们往往对握在手中的不珍惜，等到失去了才觉得分外珍贵，倒确实是人之常情。

《射雕英雄传》里的一灯大师俗家名叫段智兴，江湖人称南帝段皇爷，原来是大理国的皇帝，就是因为一个得到了又失去的女人而看破红尘，落发为僧。那个女人就是他曾经的妃子瑛姑。瑛姑在被南帝忽视的情况下，移情别恋周伯通。以南帝之尊，以南帝之武功，段皇爷最后得知真相，竟在瑛姑临盆之际，呆立窗下。一夜冷风嗖嗖,竟将他冻至风寒,可见失去所爱之后的用情之深、后悔之深了。

所以说:"满目山河空念远,落花风雨更伤春。不如怜取眼前人!"

凭君莫话伤心事，尽在含情不语中

——甄妃的故事

我们曾说过西施和她生命里的三个男人——真爱范蠡，还有吴王夫差和越王勾践——之间的情感纠葛。

西施面对她生命里的三个男人，应该说还算是很从容的。但如果一个女人面对的三个男人，是兄弟，是父子，这就像好莱坞经典影片《燃情岁月》里的剧情一样，让人感觉有点乱，有点无所适从了。

三国时，一个叫甄宓的女人就有着这种奇特的经历。她被当世三个最有权势又最有才华的男人爱着，而且这三个男人还是父子、兄弟。这三个男人就是政治史与文学史上都鼎鼎有名的曹操、曹丕和曹植。

其实说起来，甄宓面对的还不只是这三个男人，当她还没去面对曹氏父子之前，她已经是北方大军阀袁绍次子袁熙的老婆了。也就是说，她竟然是以一个别人妻子的身份来面对曹氏父子的，就这样还引发了曹家三个男人之间的爱的纷争，可见这个女人的魅力之大。

一个有魅力的女人总是一个有故事的女人。

按道理，甄宓的故事情节应该非常丰富，但奇怪的是我们不论是从正史还是野史，看到有关她的故事都非常简单，甚至可以说是非常简化。

严格来说，她和曹操、曹植之间的情感故事，一直以来都是史无定论的事儿，好像有那么些影子，却又仿佛子虚乌有，但若说成是捕风捉影，又让后人心有不甘。而她和曹丕之间的故事又显得太过俗套，太过简单，让我们觉得正史上记的有关她的那点事儿，实在与她的神秘、与她的绝世美丽不相符。于是，面对这样一个扑朔迷离的女子，以及她的情感经历，后人往往会陷入一种困惑。

说到这儿，就要说到那本影响重大的《三国演义》了。

读有关甄宓的历史时，我经常会想到一个问题，《三国演义》为什么对一个据说是并不存在的人物——貂蝉花了大量的笔墨，却对当世最美丽的几个女子惜墨如金呢？

要知道，学术界基本上认为貂蝉是《三国演义》的作者虚构出来的一个人物。它最早的原型虽然在元代戏曲里就出现过，但总的来说，元以前的历史，不论是正史还是野史都是没有貂蝉这个人的。这样一个子虚乌有的人物反倒成了《三国演义》里第一号女主人公，而三国时期最有名的几位美女却被罗贯中简单写过，有的甚至只提了一下，这让人真有点儿想不通。

那么，三国时期最美的女人有哪些呢？

当时流传一句民谣，说当世最美的三个女子是："河南有二乔，河北甄宓俏。"二乔就是孙策和周瑜的夫人大乔和小乔，杜牧后来有句诗"东风不与周郎便，铜雀春深锁二乔"，说的就是她们。

据说诸葛亮智激周瑜的时候就说，现在曹操兵临赤壁，东吴打是打不过的，但也不至于亡国，只要送两个人过去，曹操自然撤兵。

周瑜就问送哪两个人啊，诸葛亮说，都督不闻曹操建铜雀台吗？说是就为了迎娶江东二乔，可见曹操兴兵不过是为了二乔的美色，如今把二乔送过去仗就不用打了。

旁边老实巴交的鲁肃听了直冲诸葛亮打眼色，诸葛亮装作看不见，周瑜听了这话怒气冲天，说誓与老贼不两立，由此，孙刘联盟才正式成立。

说实话，诸葛亮这番话是不是纯属栽赃陷害，那还真难说。因为我们虽然没见到有关曹操和二乔之间的什么记载，但却可以看到他和当世三大美人中另外一位——甄宓的相类似的记载。

《世说新语》记载了一个"曹公屠邺"的故事。

曹操官渡之战胜利后，下令屠邺郡，同时令人速去把甄宓找来。手下人去了一趟回来说："五官中郎将（也就是曹丕）已经把她给带走了。"

曹操听了，忍不住恨恨地说了句话："今破贼，正为奴。"这话用江淮方言的语气表现得就更清楚些，是说："真活抽，我这次费这么大的劲打这仗，为的就是这个女人，没想到被儿子占了先，老子只能让儿子了。"这话里不难看出曹操的失望，这失望也就证明了他对甄宓的渴望。

当然君王都好色，枭雄如曹操这样的人也难免，我们也不用替曹操遮掩。在这方面，继承他王位的曹丕完全继承了曹操的光辉传统。

《三国演义》里记载这一段是这么说的：

> 却说曹丕见二妇人啼哭，拔剑欲斩之。忽见红光满目，遂按剑而问曰："汝何人也？"一妇人告曰："妾乃袁将军之妻刘氏也。"丕曰："此女何人？"刘氏曰："此次男袁熙之妻甄氏也。因熙出镇幽州，甄氏不肯远行，故留于此。"丕拖此女近前，见披发垢面。丕以衫袖拭其面而观之，见甄氏玉肌花貌，有倾国之色。遂对刘氏曰："吾乃曹丞相之子也。愿保汝家。汝勿忧虑。"遂按剑坐于堂上。却说曹操统领众将入冀州城，……操至绍府门下，问曰："谁曾入此门来？"守将对曰："世子在内。"操唤出责之。刘氏出拜曰："非世子不能保全妾家，愿献甄氏为世子执箕帚。"操教唤出甄氏拜于前。操视之曰："真吾儿妇也。"遂令曹丕纳之。

《三国演义》里这段描写看上去跟《世说新语》并不一样，但其实本质上没多大差别，或者说在精神上还是一致的。曹丕是因为甄氏的漂亮才不杀她进而霸占她的，而曹操听说曹丕已先进城，而且先进了袁绍的府第了，就"唤出责之"，然后在众将面前说甄宓"真吾儿妇也"，那也是不得已而说之，哪有当父亲的跟儿子抢女人的道理呢？这些都说明了甄宓确实是当时尽人皆知的绝世美人。

那么，在曹丕得到甄妃后，甄宓的命运又变得怎样了呢？

注意，后世一直称甄宓为甄妃、宓妃，李商隐的诗里说"宓妃留枕魏王才"，就是讲她和曹植之间的典故的。但是在《三国志·魏志》里，甄宓的传名可是叫"文昭甄皇后传"，也就是说，她不是曹丕的嫔妃，而是皇后，那这样的话，按古代的规矩就不能叫甄妃，而该叫甄后了。到底是谁错了呢？又或者，这种不同的称呼背后又体现着什么样的隐情呢？

严格说来，《三国志·魏志》的叫法错了。因为甄宓在世时从来就没当过皇后。

曹丕开始艳羡甄宓天下第一美人的美色，对她还不错，但随后没多久，就开始冷落甄宓了，因为他又有了新宠，就是当时南郡太守郭永的两个女儿。其中郭永的次女郭嬛，因为在帮曹丕获得太子位的过程中出了很多主意，人又长得年轻漂亮，很受曹丕的喜欢。

曹丕登上帝位之后，按道理甄宓是第一个帮曹丕生下儿子的人，甄宓应该是皇后。可是郭嬛一心想排挤掉甄宓，这样自己才有可能当皇后，就在曹丕面前经常造甄宓的谣，说她的坏话。

曹丕这个人耳朵根子软，渐渐地就对甄宓越来越疏远。有一次，郭嬛造谣中伤甄宓，又给甄宓知道了，她就当着曹丕的面把曹丕听信谣言和郭嬛造谣中伤的事实痛斥了一番，曹丕毕竟是皇帝呀，当时就挂不住了，过后，就赐药把甄宓毒死了。

《三国志》的甄宓传里只用了"后有怨言，帝大怒，遣使赐死"十几个字，简单地交代了甄宓的死因，但《汉晋春秋》里记载的就详细得多。说曹丕命人在殓葬她时，用头发将她的面盖住，嘴中塞满麸糠，使她在阴曹地府也不得再开口说话，这说明甄宓是死得很惨的，反过来也说明，曹丕对她是没有一点感情的。所以总的来说，两个人之间要说有爱情，有感情，我看基本上是不可能的。

但史书对甄宓的婚姻生活一般记载得都很简单，而且为什么都好像比较美满？这就跟《三国志》称甄宓为皇后有关了。

曹丕死后，他的儿子曹叡即位，史称魏明帝，这个曹叡就是甄宓嫁给曹丕后生下的儿子。曹叡即位之后，杀了郭嬛，追封甄宓为文昭皇太后，替他母亲报了仇。因为要表现母亲曾经母仪天下的风范，所以生平里，尤其是婚姻生活里的种种不如意，也就不能说了，这样也有碍于甄宓作为一个皇后的形象。

曹叡的这种做法，我们很容易理解，因此再联系到他亲自为曹植的那篇据说与他母亲有关的《洛神赋》改名字，这就更让人相信，他母亲甄宓与他叔叔曹植之间确实可能有些什么了。

那么，曹植与甄宓之间是不是像民间传说的那样曾经有过一段情缘呢？

京剧大师梅兰芳先生有一出名剧叫《洛神》，情节就是以梅兰芳饰演的甄宓与曹丕、曹植兄弟的三角恋爱为主线的。戏里甚至采用了一种民间说法，说这三个人是从小一块长大的。这当然是无稽之谈。

据正史记载，甄宓在官渡之战后嫁给曹丕，当时应该是二十二岁左右，而曹植才不过十三岁。《三国志》里有关甄宓的记载有将近二十处，却没有一处提到过曹植的。所以主张曹植与甄宓之间没有关系的人，最主要的两条根据就是：第一"年龄悬殊"，第二"史无记载"。事实上，我觉得这两条都不能成为确证。

先来看第一条，"年龄悬殊"。

事实上，我们知道爱情的产生跟年龄并不是有着必然的关系的。在婚姻与爱情里，如果两个人年龄上能有一段差距，往往还能更幸福、更美满。为什么呢？因为当两个人有矛盾时，心理年龄就会创造一个缓冲地带。再者说，时间也是一种距离，距离产生美，甄宓比曹植大上十岁，就不能产生感情了吗？有人说曹植太小，十三岁就爱上嫂子，那绝对不正常。不要忘了，古代男子十五岁就达到法定结婚年龄了，十三岁谈恋爱，那不算早恋了。

也有人说，就算曹植有早恋的可能，他和甄宓之间的可能性也不大，那毕竟是他的嫂子。事实上，甄宓嫁给曹丕后，曹丕要经常随曹操出征，曹植与甄宓有相处的时间也不是不可能的。我们知道，曹植是三国时期最有文才的人，后来谢灵运就说"天下才有一石，曹子建独占八斗"，才高八斗这个成语就是这么来的。

对于有才的年轻男性来说，现实中更容易对年长于自己的女性产生情感，因为他要寻找一种成熟美与深刻美，而这在比自己小的女性身上往往是找不到的，所以才子多有姐弟恋之类的事。这在曹植身上，也应该是一种正常的情感取向。

至于从甄宓的角度说，她对曹植产生情感也不是不可能。通过前面的分析可以看出来，她与曹丕之间没有感情，甚至夫妻间的矛盾还很大。相比较曹丕、曹植兄弟，曹丕更喜欢玩弄权术，曹植更有才。一般的女人是更喜欢年轻有才气的男人，还是更喜欢玩弄权术的男人？我想，答案应该是不言自明的。

另外，甄宓自己也是个文采斐然的女诗人，《古诗源》中收录了她的一首《塘上行》，其中写到夫妻间的感情。

诗云：

> 莫以贤豪故，捐弃素所爱。
> 莫以鱼肉贱，捐弃葱与薤。
> 莫以麻枲贱，捐弃菅与蒯。
> 出亦复愁苦，入亦更苦愁。

可见，甄宓对不如意的婚姻生活是有着强烈的不满与控诉的。对于甄宓来说，寻找自己的真爱也就有了自然的内因与外因，年龄悬殊应该算不上理由。

第二条，史无记载。

应该说，这个史无记载指的是正史，尤其是指《三国志》里没有对曹植与甄宓二人关系的明确记载。不过，也不是所有典籍里对此都没有记载。南朝昭明太子《文选》卷十九《洛神赋》李善注中就有一段记载，把曹植与甄宓之间的故事说得就像小说一样，而且还据此交代了这篇名闻天下的《洛神赋》的由来。

《文选》说："魏东阿王，汉末求甄逸女，既不遂，太祖回与五官中郎将。植殊不平，昼思夜想，废寝不食。"这两句是说曹植曾经向曹操要求过，想要娶甄宓，可是曹操还是把甄宓嫁给了曹丕，这让曹植很郁闷。

《文选》又说："黄初中入朝，帝示植甄后玉镂金带枕，植见之，不觉泣下，时已为郭后谗死，帝意亦寻悟，因令太子留宴饮，仍以枕赉植。"这一段就是李商隐那句著名的"宓妃留枕魏王才"的由来。这是说，甄宓死后，有一次曹植从自己的属地到都城来见曹丕，曹丕突然良心发现，把甄宓以前用过的枕头送给了曹植。曹植睹物思人，于是就有了创作《洛神赋》的冲动。

《文选》还说："植还，将息洛水上，思甄后，忽见女来，自云：'我本托心君王，其心不遂。此枕是我在家时，从嫁前与五官中郎将，今与君王。遂用荐枕席，欢情交集，岂常辞能具？

为郭后以糠塞口，今被发，羞将此形貌重睹君王尔。'言讫，遂不复见所在。遣人献珠于王，王答以玉珮。悲喜不能自胜，遂作《感甄赋》。后明帝见之，改为《洛神赋》。"

原来，《洛神赋》的由来是曹植在洛水边做的一个梦，从"梦的解析"与"周公解梦"的角度来看，他梦到甄宓纯属是日有所思、夜有所梦，那就是他对甄宓思念的抒发，所以原来名叫《感甄赋》，就是感念甄宓的赋。这篇赋的题目明白如话，所以后来魏明帝曹叡读到，觉得这样实在太赤裸裸，太有损自己父母的形象，才通过皇帝的权力把它改名为《洛神赋》的。

后世不断有人质疑《文选》的这段李善注，认为这段话有明显附会演绎的成分。当然，我们也可以看出这里面确实有些附会的成分，但反过来也说明，至少到南北朝时期，人们普遍认为甄宓与曹植之间是有着情感故事的。

比《文选》更早、更有说服力的，是南北朝之前东晋顾恺之的那幅名画《洛神赋图》，它画的就是曹植与甄宓在洛水边梦中相会的图景，它的宋代摹本现在还保存在台北故宫博物院里。顾恺之又是凭什么来演绎曹植与甄宓的故事的呢？当然最有力的证据还是曹植自己的那篇《洛神赋》。

曹植明明白白有一篇《洛神赋》在那里，它到底写的是不是与甄宓的事呢？

有人说是美人香草之喻，是像屈原那样，借男女之事向君王表忠心。曹植对他那个要置他于死地，逼着他写出七步诗的狠毒的哥哥，有可能写出这么千古传颂的表忠心之作吗？对他的侄儿似乎也没有这个必要。

还有人说，赋的名字原为《感甄赋》，是因为曹植当时的封地、住地是在鄄城，古代"鄄"与"甄"同用。这未免有点钻牛角尖儿，从文中内容来看，这是一点儿都扯不上的。

最后还有人说，这里的"感甄"一定指的就是甄宓吗？

曹植《洛神赋》上来第一段话就说：

> 斯水之神，名曰宓妃，感宋玉对楚王神女之事，遂作斯赋。

洛水神最早传说是伏羲的小女儿宓妃，恰好是甄宓的这个宓字。如果说这纯属巧合，后一句又说感楚王神女之事，那就是再强调男女情感之事，这在伏羲的女儿宓妃身上可是没有任何典故的。再加上题目有个"感甄"，这样一来，曹植的创作意图非常明显。我不明白，后来为什么会有那么多人迷信正史，因为正史里没提，就要抹杀曹植与甄宓之间这么明白如话的情感呢？

说起来，因为那种浓烈的情感被掩藏在历史的尘埃里，我们对甄宓，那个三国时代最美丽女子的美丽情怀已经渐渐陌生，但至少应该知道有一种步伐叫"凌波微步"。

《天龙八部》里的段誉，到底是从哪位神仙姐姐那儿学来的这么神奇美丽的步法?

原来,它是甄宓来到曹植身边时的姿态,《洛神赋》里说她踏着凌波微步而来时,那"翩若惊鸿、婉若游龙"的身姿里,又该隐藏着多少不为人知的爱恨情仇!

妻子岂应关大计，英雄无奈是多情

——貂蝉的故事

讲貂蝉，说实话我还是感觉稍有些为难的。这主要源于两个原因。

第一，历史上到底有没有貂蝉这个人？学术界比较统一的看法是，三国时期并没有貂蝉这个人。连这个人本来都没有，怎么讲？

第二，即使我们因为貂蝉是中国四大美女之一而选择来讲她，但我们是要讲爱情。在貂蝉的故事里，有爱情吗？

下面，就让我们来解答一下这两个关键的问题。

首先，貂蝉这个人在历史上到底是怎么出现的？

比较统一的看法是，这是小说《三国演义》中一个虚构的人物。因为纯粹是虚构，所以作者连名字都没给她，只给她起了个象征性的名字，叫貂蝉。相声大师侯宝林先生有个有名的相声段子，叫《歪批三国》，其中就提到《三国演义》里有三个没名没姓的人，其中一个指的就是貂蝉。

事实上，貂蝉是汉代朝廷高级官员官帽上的饰品，所以古有"貂蝉冠"之说。那么《三国演义》里为什么要用一种帽子的名来称呼这个女子呢？换句话说，罗贯中就不能给她起个比较正式的名字吗？

事实上这不怪罗贯中，罗贯中写《三国演义》的时候也不过是沿用了元代戏曲的说法而已。早在元杂剧中就有一出戏叫《锦云堂美女连环计》，戏里说貂蝉她姓任，叫任红昌。因在宫中掌管貂蝉帽，所以赐名貂蝉。另一部元杂剧关汉卿的《关大王月夜斩貂蝉》也采用了这种说法。

但是，元杂剧又是从哪里得来的这个女子的消息，以及她的名字呢？

从现有的史料来看，元杂剧之前，貂蝉是否还有其他的历史面貌，现在我们已经不得而知了。也有可能就是元杂剧作者凭空进行的一次艺术创作。但这种创作就真的没有一点儿历史原型吗？

今天，在山西忻州还有一个木芝村，据说这里就是貂蝉的故乡。村里现在还有个旅游景点叫貂蝉陵园，但忻州之所以为貂蝉建这个陵园，也是依据元杂剧《锦云堂美女连环计》中的一句台词，说貂蝉本是"忻州木耳村人氏"。既然它是根据元杂剧的内容来的，这种故乡之说也就有传说的性质了。

那么到底有没有貂蝉这个人呢？

根据我的研究，在古代，貂蝉这个词和现代一样，是个常用词。当然我们现在指的是中国四大美女的貂蝉，而古代大多数时候，它指的是封侯受爵的荣耀，就是我们前面说的貂蝉冠。只有封侯的人朝廷才发貂蝉冠,所以古人常用世代貂蝉指贵族的家世。又有一个常用的典故,是说用兜鍪换貂蝉,兜鍪就是战甲、战盔,就是指要建立战功来获得封侯,这是古代很多人的理想。

据考证,在《四库全书》所载的古代典籍里,提到貂蝉的地方不下一千多处,绝大多数指的是封侯的理想与贵族的身世。古籍里提到貂蝉,又是把她当作一个女人的,我找来找去,只找出了七个地方。尤其是明代杨慎说过一段话,他说:"吕将军妻貂蝉,史无所载,唐李长吉《吕将军歌》云'椎椎银壶摇白马,傅粉女郎大旗下',似有其人也。"

后人多不把这段话当回事,认为杨慎引的李贺写吕布的这首诗,纯粹是李贺的想象而已。

事实上,联系历史我们发现,这不应该完全就是想象的场景。"傅粉女郎大旗下"透露出一个重要的信息,那就是吕布的功业下,是有一个女子,帮他获得了封侯的,或者说是在吕布获得功劳以至于封侯的过程中是帮了吕布的。因为在古代貂蝉就是封侯的代名词,所以后世才索性把这个不知名的女子就叫貂蝉,就因为是她帮吕布获得了貂蝉冠的!

那么吕布有没有封过侯呢?

封过,还封过两次。第一次是他背叛丁原,投靠董卓,并杀了丁原之后,被董卓封为都亭侯。第二次,是他背叛董卓,和王允联合,杀了董卓之后,被朝廷封为温侯,所以后人大多称吕布为温侯吕布。也就是在封温侯的过程中,出现了一个女人。

《三国演义》里写董卓与吕布的矛盾是因为貂蝉而起,还写吕布在凤仪亭与貂蝉私会的时候,被董卓发现,董卓气得拿戟怒掷这个干儿子吕布。这一段情节也不是凭空杜撰的,《三国志》中就明确记载过这样的情节。

《三国志·吕布传》里说"卓常使布守中阁,布与卓侍婢私通,恐事发觉,心不自安"。也就是说吕布与董卓的一个小妾私通,这有可能是导致吕布开始要背叛董卓的导火索。《吕布传》又说"卓性刚而褊,忿不思难,尝小失意,把手戟掷布,布拳捷避之"。也就是说因为一些小事,董卓拿戟怒掷吕布,两个人的矛盾开始公开化了。

那么,到底是因为什么小事,也就是说《三国志》里说的那个"小失意"、小的不愉快,到底是什么呢?

我们不能凭空猜测。就文本看,《三国志》里记载的董卓与吕布之间的"小失意",也就是生活上的矛盾,而不是政治上的分歧,只有吕布与董卓的小妾私通这件事。后来明人王世贞在他的《弇州山人四部稿》里有一首诗,说"董姬尽为吕,貂蝉居上头",也就是说董卓死后,他原来的那些小妾、侍女,都归吕布所有了。其中,貂蝉是最得吕布喜欢的。

那么,这个貂蝉是不是就是那个曾经与吕布私通,又与吕布合谋,最终帮着吕布除掉董卓的人呢?至少,应该是有很大的可能的。吕布正是因为国家除掉了董卓之害,才被封温侯的,也就是获得朝廷颁发的貂蝉冠的,那个帮他成就封侯事业的女人被叫作貂蝉也就可以理解了。

李贺在《吕将军歌》里说"傅粉女郎大旗下",就是说貂蝉对吕布的封侯功业是有帮助的!由此可知,貂蝉这个人物完全有可能不是凭空杜撰出来,而是有着一些历史的影子的。至于她到底叫什么名字,什么地方人,历史浩如烟海,古今多少事,都湮没在滚滚红尘中,我们也只能用貂蝉这个名字,来纪念那个对一个时代有过特殊贡献的女子了。

这样看来,第二个问题就显得比第一个问题还重要了,不管貂蝉是不是实有其人,她的爱情故事又从何说起呢?

按《三国演义》的说法,貂蝉的故事要从"一声叹息"说起。

貂蝉原是司徒王允养的一个歌女。一天晚上,她一个人在后花园的小池塘边,看着荷塘月色,慢慢地叹了口气。一个女孩儿夜深人静的时候独自叹口气,那完全是正常的事儿,有可能是有了心上人,但不能在一起;有可能是还没心上人,有着落寞和着急。

不巧,王允正好路过,被他看到了。这王允是个非常迂腐的家伙,或者说是个腐儒,像所有的父母总疑心孩子的行为,像所有的老年人总看不惯年轻人的表达方式,他一听就叫起来了,说:"贱人将有私情耶!"就是说你一个年轻女子,在这儿深夜叹息,是不是和什么人私通了?

貂蝉猝不及防,哪想到叹口气就惹来这么大祸,当然本能地就回答不是。

王允不依不饶,就说那你为什么在这儿叹气。

或许当时貂蝉也是被逼得没办法了,只好告诉他说,如今奸臣董卓当道,百姓苦不堪言,我是忧国忧民睡不着啊!

王允一听,大为感动,当即把貂蝉认作义女,这才有了后来的借貂蝉巧施连环计。

说到这儿,我倒想起一个故事来。

说有一个女孩子很漂亮,在宴会上被众星捧月一样。聚会结束后,一个很一般的男孩子邀请她去喝咖啡,女孩子其实根本看不上这个男孩子,但出于礼貌,心想就去一下吧,敷衍一下就走。

这个男孩子很木讷,一路到咖啡馆也没什么话说。咖啡送上来的时候,这个男孩子突然大叫一声:"给我拿点盐。"这一下好多人都很惊讶地看着这个男孩儿,哪有人喝咖啡放盐的啊?在女孩儿惊奇的目光里,男孩子尴尬地笑笑说:"我家在海边,每天在海水里泡,放点儿盐容易让我想起家的味道。"

女孩儿一听,心想,这个男孩儿虽然长得不怎么样,但看来很爱家、很顾家啊,这样的男人多好啊,今天我幸亏跟他来了。后来,两个人就慢慢交往起来,每次去咖啡馆,女孩儿都会主动为男孩儿的咖啡里加盐。他们后来结婚了,男孩儿果然是个很爱家、很顾家的人,他们的日子就像他们爱喝的咖啡一样,"滴滴香浓,意犹未尽"。

最后,丈夫去世后,妻子收到一封信。信里说:"其实,我对你撒了一个谎,却一直不敢告诉你,我喝咖啡是不要加盐的,你不知道那味道多难喝。我第一次在咖啡馆里那样说，只是觉得当时没话说，太尴尬，就兴冲冲地冒了一句，哪知却下不了场，这一下就喝了一辈子加盐的咖啡！现在我终于可以不受这个罪了。但最庆幸的是，因为这句话，我得到了你！"妻子读完，含着泪笑了。多美的人生啊，就因为一句冲动的话！

事实上，对于貂蝉也一样，多么传奇的人生，就因为一声叹息，一句回答！

问题是后人大多认为貂蝉传奇的人生价值在于舍身救国，离间董卓与吕布，却从不认为她也和那个幸福的女孩子一样，从一声叹息开始，从一句回答开始，踏上了自己的爱情之旅。后人之所以这样认为，最重要的原因就在于对吕布的认识上。我们大概在潜意识里都有一种想法，就是吕布这样的男人，是不值得貂蝉这么美丽的女性去爱的。

对于吕布，后世有个盖棺定论，说他是"三姓家奴"。这是什么意思呢？

《三国演义》里虎牢关三英战吕布时，张飞骂吕布是个"三姓家奴"，也就是说他至少有过三个爹。他姓吕，自然有个姓吕的亲爹，后来他认丁原为义父，所以丁原又是他爹。再后来，他背叛丁原，又认董卓为干爹，后来他又背叛了董卓。杀了董卓之后，他又投靠过很多人，但没多久又总是走上背叛的道路，所以"三姓家奴"就是贬低吕布的人格，说他是个反复无常的小人。这样的人，让四大美女之一的貂蝉跟了他，那岂不是一朵鲜花插在了牛粪上，哪有什么爱情可言呢？

其实我并不这样认为。

纪连海老师在讲吴三桂的时候，曾经把吴三桂比作吕布，说吴三桂也是"三姓家奴"，我觉得这种比较看上去好像很贴切，但细想还是有问题。吴三桂是跟过三个朝廷，大明、大顺和大清，而吕布不过是作为一员战将，跟过三个军阀而已。说他拜董卓为义父之前也曾经认丁原为干爹，这纯粹是《三国演义》的演绎，《三国志》根本没有这个记载。

话说回来，在三国那个时代，谁是正统？谁是叛逆？谁没有过二心？谁没有过背叛？天下英雄，各为其主，说起来都背叛了大汉朝。

曹操挟天子以令诸侯，而且他自己也有两个爹。曹姓就不是他亲生父亲的姓，他爹本来姓夏侯，所以他后来用的好些人都是姓夏侯的。他姓曹是因为他是大太监曹嵩的干儿子。那这么说他也是"两姓家奴"吗？

刘备就更不用说了，他投靠过又背叛过的人数，基本上与吕布差不多，所以后世有本《厚黑学》就是以他为教学原型的。吕布在白门楼被斩前，还想彻底归顺曹操，曹操也确实有爱才之意，有点犹豫想不杀吕布。

这时候刘备在旁边对曹操说："明公不见布之事丁建阳及董太师乎！"就是说你忘了吕布是怎么背叛丁原和董卓的吗？曹操听了这话，就不再犹豫，杀了吕布。

《三国志》记载吕布临死前最后一句话是指着刘备说"是儿最叵信者",也就是说,你刘备是最反复无常的人,你凭什么说我呀!《三国演义》里为了维护刘备的形象,把吕布的这话删掉了。所以从反复的角度看,在三国那个军阀割据的时代,为了求生存,吕布不停地投靠这个又投靠那个,和吴三桂卖国求荣是不应该等同起来的。

况且,就吕布一生的情况来看,他总的来说还是一个战将,而非一方军阀。他政治眼光比较短浅,但相貌英俊、武艺超群,是三国里最厉害的一个。

最简单的证据就是"虎牢关三英战吕布",刘、关、张三个人合起来都打不过他,那关羽、张飞可是五虎上将头两位,再加个刘备,三国里谁还能经得起这三个人的合战,马超不行,赵云不行,许褚也不行。

所以《三国志·吕布传》里面,王允称吕布为"壮健",陈宫称吕布为"壮士",不论是从武艺还是长相来看,吕布都是三国里一等一的人物。抛开他政治上的短视不谈,貂蝉在那个风云时代爱上这样一个英勇的美男子,有什么不可能呢?

再从吕布的角度看,他对貂蝉是很疼爱的。他一杀死董卓,马上"回眉坞,娶了貂蝉",后来不论转战南北,都始终把貂蝉带在身边,这说明,他是很爱貂蝉的。后来被曹操包围的时候,他也是听了貂蝉的话才没有分兵袭扰曹军,导致失败被俘,白门楼被斩。连打仗都听貂蝉的,可见吕布对貂蝉的钟爱程度了。戏曲里表现吕布白门楼被斩时，说他唯独放不下的就是貂蝉。在那个时代，在貂蝉所有接触过的人里，还有比吕布更值得去爱的人吗？

要知道爱情是不讲道理的，有时候跟一个人的政治修养、道德修养都没有关系。更何况那个时代，人们对爱情的理解并不像现代人这样。

《世说新语》记载了一个叫"奉倩殉色"的故事。说有一个叫荀粲荀奉倩的三国名士，他和他老婆的感情很深。深到什么程度呢？冬天的时候，有一次他老婆生病发烧，体温很高，要降温。怎么办呢？荀奉倩就先到院子里把自己的身体冻冷，然后回来将身体贴在他老婆身上给她散热。

这种物理降温的方法实在很奇特，也实在很温馨。那么是什么让荀奉倩对他老婆这么痴情呢？原因很简单，就是他觉得他老婆长得太漂亮了。荀奉倩公然宣称，他就是爱他老婆的美色，并且公开说"妇人德不足称，当以色为主"。也就是女人的学识品德什么的，是不足称道的，我眼中的爱情，就以美色为主。

要知道，这与任何时代的主流观念都是相违背的。但就因为这个原因，让他们的爱情与婚姻散发出异样的光彩。在老婆死后，荀奉倩思念成疾，没过多久也死了。虽然他的爱情观在我们今天看来有些狭隘，但他们依然用生命和岁月捍卫了他们自己的爱情理想。这样的人生，哪里会比那些所谓的伟大人物要逊色呢？

所以吕布与貂蝉，俊男美女之爱，这就够了，哪里会像我们现代人这样，替古人担忧，觉得吕布的人品与貂蝉的人格并不相配呢？

后来戏曲里安排的貂蝉与关公的感情，我觉得更让人不能接受。

曹操把貂蝉当作红颜祸水，先赐给刘备，又赐给关羽，企图因此让刘、关、张兄弟反目，所以才有了"关公读春秋，挥刀斩貂蝉"。

也有一种结局是说关公其实是义释了貂蝉，是墙边的青龙偃月刀自己倒下来，把貂蝉给斩了的。民间还有一些其他传说，说貂蝉有被杀、逃走、当尼姑、回故乡等等不同的结局，总之，最后都是把貂蝉当作红颜祸水看。

曹操、刘备、关羽，这些男人为了表现自己的政治道德与政治智慧，把貂蝉一个弱女子当皮球、当道具，踢来踢去，斩来斩去，在对待女性、对待貂蝉上，他们都不如那个没有远见却帅气简单的吕布。

因此，我想第二个问题也就有了答案，貂蝉止是在离间董卓与吕布的过程中，在跟随吕布不断投靠这个、投奔那个的颠沛流离的过程中，真的爱上了头脑简单却英勇英俊的吕布，并跟着他风风雨雨，走完了他们在三国的人生。

吕布死后，当世有几多英雄，几多风流人物，但都不再有值得貂蝉去爱的人。所以我还是比较欣赏吴梅村在《圆圆曲》中说过的那句话："妻子岂应关大计，英雄无奈是多情。"作为一个女人，貂蝉的成就不是在巧施连环计扳倒了董卓上，而是在她找到一个爱她、她也爱的人。

　　事实上，只要吕布与貂蝉之间的爱情值得人回味，又哪里要去管什么般配不般配呢？

秦淮河畔夕阳斜,桃叶飘落到谁家

——王献之与桃叶的故事

明末清初有一位有名的女词人叫纪映淮。一看这个名字就知道,她是在秦淮河边出生的。她少女的时候,最喜欢到秦淮河边来游玩。

在她十五岁的一个夜晚,她又来到秦淮河边。但这一次不是游玩,而是怀着满腹心事,在月光与河水的映照之中,对着千年的桃叶渡诉说着自己的心事。

原来,她刚过了及笄之年,就受父母之命,被许配给了山东莒州一姓杜的人家。对于未来的夫婿,她既没有和他见过面,又没有通过书信,但对美好爱情的憧憬,实在是一个少女的自然本性。于是她满怀惆怅,在这个月圆之夜,来到秦淮河的桃叶渡口,写下了这样一首诗:

> 清溪有桃叶,流水载佳人。
> 名以王郎久,花又古渡新。
> 楫摇秦代月,枝带晋时春。
> 莫谓供凭栏,因之可结邻。

诗是什么意思呢？原来纪映淮姑娘在说，清溪水，桃叶渡，当年的神仙眷属在何处？天上的明月还是秦时的明月，渡口的桃花还是晋时的芬芳。那位让人羡慕的桃叶姑娘，正有一个深爱着她的情郎在渡口等着她。而我将要面对的夫君，又是一个什么样的人呢？是不是也像桃叶姑娘的王郎那样有才情，有真情，有深情？如果是这样，那该多么好啊！

那么，这个让纪映淮姑娘视为理想情人的王郎，以及那个让她羡慕不已的桃叶姑娘又是何许人呢？

我想，一个女人如果让其他女人嫉妒的话，一定是因为她的容貌、财富，甚至是权力；但一个女人如果让其他女人羡慕的话，那一定是因为她有一个幸福的家庭，有一个深爱她的男人。那个让千年之后的纪映淮羡慕不已的桃叶姑娘，确实除了拥有一份真挚而幸福的爱情之外，她就什么都不拥有了。当然，如果一个女人能拥有一份地老天荒的真情实爱，她也就应该别无所求了。桃叶的一生，正说明了这个道理。

据民间传说，桃叶本来也出身书香门第，奈何后来家道中落，只剩桃叶与年迈的父亲相依为命。后来，穷愁潦倒的父亲就在秦淮河边的渡口叫卖祖传下来的桃花砚，被一个英俊的男子买走了。

时间飞逝，转眼就到了第二年。因为父亲重病在床，家里别无生计，桃叶只得自制些团扇到河边渡口来卖。桃叶一个女孩子，卖些自制的团扇，又不会做广告，又不会吆喝，卖了大半天，一把也没卖出去,而父亲还等着自己卖了扇得了钱抓药。桃叶心里这个愁,那是愁满心头,挂满眉头啊。

就在这时,她看到了河边的一个人。这个人长得很帅,这还罢了,关键是他正在河边洗手里的一方古砚。桃叶一看就认出来了,那正是自己祖传的桃花砚,也是她读书写字时最珍贵最喜欢的砚台。

这个男子一回头,看见一位卖团扇的姑娘死死地盯着自己手里的砚台看,就上前问:"姑娘也认得这方古砚吗?我去年从一位老伯手里买来,确实是砚中精品,后来越用越喜欢,想再找那位老伯以示感谢,却再也找不到了。"

桃叶害羞地回答说:"那就是我的父亲,这方桃花砚本是我家的传家之宝。"男子听后说:"原来这是姑娘的传家之宝,小生实在不知。不如你带我拜见尊父,我好将宝砚归还。"

桃叶一听,泪水下来了,就把父亲重病在床,自己卖团扇为父亲看病的事儿简略地说了一遍。

男子沉吟了一下,突然取砚磨起墨来,然后在每一把团扇上都题了诗,写了字,并亲自叫卖起来。也不知他有什么法力,好多人看了这团扇,一下子就哄抢而光。男子把卖扇子的钱和身上所有的钱都拿了出来,交给桃叶,让她赶快回家替父亲看病。桃叶满怀感激,在他温暖的目光中渐渐远去了。

桃叶回家之后,虽然为父亲抓了药,可父亲已经病入膏肓,没过多久就离她而去了。剩下桃叶孤苦伶仃。哪知祸不单行,父亲刚病逝，桃叶自幼定过亲的那个男的又突然早逝。男家要捆绑她葬婚，也就是将她捆绑起来，放在墓旁边，任由野兽撕咬，听由命运安排。也是桃叶命大福大，大概更是由于某种隐约的爱情力量的主宰，她终于在石碑上磨断绳子逃了出来。桃叶辗转流离，又来到秦淮河的渡口边。她怀着希望在人群里张望，一下就看到了正在河边洗砚的那个男子，他身边放着那方桃花砚，手里还有一把桃叶做的精致的团扇。

历尽沧桑的桃叶终于露出了微笑，因为她找到了她要找的人。

到这里，不要以为故事可以有一个完美的结局了，其实不然，桃叶只是笑了，她并没有走过去。因为她知道，她和他之间，有着一道不可逾越的鸿沟。因为她知道，这个帅气英俊、才华横溢又古道热肠的男人是谁，所以她才觉得自己只能远远地看着他的身影微笑。

对于桃叶的顾虑，我们现代人可能不太理解。人生到此凄凉地，还有什么好顾虑的呢？况且，那个男的上次肯帮她，这次怎么可能又舍弃她呢？

这一点要特别交代一下。在魏晋时期，社会自上而下流行着一条规则，而且是一条铁律，那就是有名的"上品无寒门，下品无士族"。整个社会分为士族和庶族两大阶层，这两大阶层是不能通婚的，这也是一个被全社会接受的规则。尤其是士族阶层，如果谁与庶族阶层，也就是下层社会的人通婚，整个士族阶层就会群起而攻之。

或许我们很容易把它理解为门当户对,事实上这远远要比简单的门当户对的观念苛刻得多。这个男人,桃叶从他帮助自己卖团扇那一刻起,就已经知道他是谁了,他正是当世士族的代表,整个魏晋时期少有的大名士!而自己,一个孤寒女子,哪里能痴心妄想,能够得到那一段永远不可企及的爱情呢?

想到这儿,桃叶的目光黯淡了下来,她的微笑里也带着一丝凄苦的味道。就在她转身想要离去的时候,那个丰神俊朗的男子在一回眸间,看到了桃叶正在阑珊处。他的眼里放出异样的光芒,在桃叶将要转身离去的那一瞬间,他站起身来,叫住了桃叶。就这样,桃叶就在秦淮边的古渡旁,把自己的悲惨遭遇告诉这个竟又在渡口边等着自己的男人。

两个人就这样旁若无人地坐在河边一番倾诉之后,终于彻底敞开了心扉。男子挽起桃叶的手,爽朗地说:"跟我回去吧,不要怕旁人冷言耻笑!"

于是,就像古人说的,"百年修得同船渡",两个人一起乘船过河,来到这个男子家所在的乌衣巷里。

在那个时代,又有谁能住在乌衣巷里呢?

刘禹锡的诗里说"旧时王谢堂前燕",又说"乌衣巷口夕阳斜",当然,除了王谢家的堂前燕,就只有王谢家的人能住在这儿了。

这个古道热肠、丰神俊朗的男子,正是当世大名士、大书法家,史称"二王"之一的王献之。

说到王献之,那绝对是东晋时期的一个传奇人物,《世说新语》

里有关他的传奇故事很多。比如我们都知道他小时候跟父亲王羲之学书法的故事。他受父亲的影响自幼爱好书法,他见父亲的字写得非常好,就羡慕不已,不知道自己什么时候也能像父亲那样成为一位受人敬仰的大书法家。

一次,他忍不住问父亲成为一个书法家的秘诀。王羲之笑了笑说:"你要想知道秘诀的话,明天早上到院子来。"

第二天,王献之早早地来到院子中,发现父亲早已在那练字了。王羲之见儿子来了,指着院子里那十八缸水说:"书法没有秘诀,只要你写完这十八缸水,字自然而然就会写好了。"这样一句简单的话,点醒了王献之。他深受启发,夜以继日地练字。转眼一年又一年,当他写完这十八缸水后,功夫不负有心人,他终于成为一名伟大的书法家。

从王献之成为一位书法家的历程,我们就可以看出他这个人极为专一的毅力与品格。这种专一也体现为他的投入。

比如很多人知道,有一次王献之正在练字,父亲王羲之从后面突然抓住他的笔,猛地一拽,哪知道他手中的笔根本纹丝不动。王羲之不由得大为赞赏,用老子《道德经》里的一句话称赞他,叫"用志不分,乃凝于神"。

我对这个小故事很感兴趣,也曾经好多次有些恶作剧地在人的后面突然去拔别人手中的笔,发现没有一次不成功的。要知道我们平常用的是圆珠笔和钢笔,那握力要比握毛笔大得多。事实上,这不是力气的事,而确实是老子的那句"用志不分,乃凝于神",这就是一种投入的精神力量,就像爱情里的誓言"海枯石烂,此情不变",不就是一种投入的精神力量吗?所以,我一直都主张中国人应该练习写毛笔字,尤其是现在大多数时候用电脑了,笔用得少了,那就更应该练练毛笔字,因为我们可以从那里感受到一种文化传承,一种"用志不分,乃凝于神"的文化品格。

当然,我们这说的只是王献之的书法,并不是他的爱情。但我们可以从书法一途看到王献之的个性与品格。这与他在情爱生活中表现出来的风范应该是一致的。

据说,王献之临死的时候,家里人问他有什么未了的遗憾,王献之这位曾经做过宰相、东晋名士领袖的人物对政治风云全不谈及,只说了一句话:"不觉有余事,惟忆与郗家离婚。"就是没什么牵挂和放不下的事,只有一件,那就是和妻子郗氏离婚的事儿。

原来,王献之早年娶的是出身名门的郗昙的女儿郗氏,两个人青梅竹马,感情也很深厚,但后来出于政治原因,在整个家族力量的迫使下,被迫离婚另娶了皇帝的女儿新安公主,所以他临死时才会说一生遗憾的只是觉得对不起郗氏。所谓人之将死,其言也真,其言也善。就凭这一句话,我觉得王献之也足以算是一个情深义重的好男人了。

当然即使王献之是个很专情的人,他也不能对抗整个社会的礼俗洪流,所以他只能与郗氏离婚,为了家族的发展,另娶皇帝的女儿;同样,虽然他与桃叶是真情相爱,他也同样不能不顾家中的那位新安公主，只能纳桃叶为妾。他把桃叶这样落魄、孤身流离的女子带回家，还纳她为妾，这在当时就已经是惊世骇俗的了。我们完全没必要以现代人的标准，因为他没有正式娶桃叶为妻而责备他。

事实上，他对桃叶的态度，也完全不像当时的贵族对待自己的侍妾那样。

我们知道，经历秦汉的奢靡之风后，晋人喜欢养妾，而且名士们养妾成风。像当时的谢安、王导这些大名士都有养妾之风。要知道，在当时妾的地位是很低的，魏晋时期的妾有时是跟侍女混同起来的。

汉代的辞书《释名》是这样解释的："妾，接也，以贱见接幸也。"意思说得很清楚，那时的妾可以同占有她的男子发生性关系，以卑贱的身份受到宠爱，但是不得成为伉俪。连称呼上，也反映出这种尊卑不平等的关系，妾只能称占有她的男子为"君"，俗称"老爷"，而不能称为"夫"。妾在当时的地位，用现代话说白了，就是"性奴"。这种地位使得妾在当时的家庭中挨打受骂得不到保护，甚至连人身安全也没有。

《世说新语》记载，丞相王导和堂兄大将军王敦到大臣石崇府上赴宴。"石崇每要（邀）客燕集，常令美人行酒，客饮酒不尽者，使黄门交斩美人。丞相素不能饮，辄自勉彊（强），至于沈（沉）醉。每至大将军，固不饮，以观其变，已斩三人，颜色如故，尚不肯饮。丞相让之，大将军曰：'自杀伊家人，何预卿事!'"这些美人,实际上就都是石崇的妾。这些活生生的美女,为了劝酒未饮这等小事,就眼睁睁被杀死了。

再说王导,前面已说过他也有好多妾。他的特殊情况是,他在外、在官场上无疑是一个强者,而在内、在家里,却很惧内,是一个怕老婆的汉子。他的老婆曹氏妒忌心特强,王导只得"密营别馆,以处众妾"。哪知有一天被曹氏发觉了,要去处置。这可急坏了王导,要赶在曹氏前头通知众妾转移,乘上牛车急得用手中的拂尘柄驱牛速行。

后来司徒蔡谟听说了这件事,戏弄他说:"朝廷欲加公九锡。"就是告诉他皇帝要赏赐九种贵重器物。王导信以为真,还表示谦让。蔡谟说:"不闻余物,惟有短辕犊车,长柄尘尾。"惹得王导大为恼火。我们不管王导生不生气,但那些妾要是被他老婆找到,恐怕远比后来的尤二姐被王熙凤找到要惨得多。

知道了这样的历史背景,才可以挖掘出王献之与桃叶爱情的意义。桃叶不过是王献之的一个妾,无论在社会上还是在家庭中,地位都是极其低下的。但是,王献之,这位当朝中书令、天下士大夫阶层的领袖又是如何对待她的呢?

王献之把桃叶带回家后,两个人情深意浓。每次,桃叶外出,回来要从渡口坐船过河。当时的秦淮河并不像现在,不是"桨声灯影里的秦淮河"那种欸乃的情调,也不是秦淮八艳名甲天下时的脂粉气息。

当时的秦淮河水流湍急,而且渡口又正好是秦淮河与古青溪水道合流处附近，两水交汇之处，水势更是急猛。每次王献之都很担心桃叶，都要亲自到岸边等候桃叶。因为水急，船也晃得厉害，桃叶坐船也很担心。于是每次，王献之看到桃叶渡楫中流的时候，总是会做出一个惊人的举动。这是一种什么样的举动呢？

今天，我们的媒体里有那么多超级女生、超级男生，其实不过就是唱唱歌，走走秀。要说真正的好男儿，真正的超级男生，那还是非王献之这样的人莫属。他看到桃叶坐在颠簸的船上，总是会毫无顾忌地高声歌唱。他唱的是什么呢？当然是他自己填词谱曲的歌。

他唱道：

> 桃叶复桃叶，渡江不用楫。
> 但渡无所苦，我自迎接汝。

这首歌的意思就是，桃叶啊桃叶，水是这样的急。我站在这渡口，看水送船来去。渡河时连桨也不用划，但你并不用害怕。我就是你生命的舟楫，永远在彼岸痴心地等你。

多美的一首歌啊，多让人心动啊！每次听到王献之的歌声，桃叶也会激动得以歌声回应：

> 桃叶映桃花，无风自婀娜。
> 春花映何限，感郎独采我。

桃叶说，我就是那满园春色里的孤芳一朵，此生只为你绽放，只为你枯萎。因为有你爱着我，我才会"无风也婀娜"啊！

要知道，这个渡口几乎是当时南京城最重要的渡口了，古来就十分繁忙，争渡者向来喧声不绝。周遭馆肆林立，人头攒动。在这样一个人群密集的公众场所，又在那样一个思想闭塞的社会环境里，两个人却如此这般地直接表达自己的爱情。王献之与桃叶的"绝对唱响"一下子就引起轰动，当时的人们即使不敢效仿，也从心底由衷佩服他们，于是这个渡口就有了一个名动千古的名字——桃叶渡。

我想当时的人们用这个名字来称呼这个渡口，无疑表达了他们对这段爱情的赞美与羡慕。

试想一下，就像许仙要踏上船去，而船上正有一位美丽的白娘子在深情地等他；桃叶要坐船过河去，而彼岸正有英俊的王献之在温情地等她。人世间，最幸福的事莫过于此。所以一千年后，当那位美丽却孤独的纪映淮悄立在桃叶渡口、秦淮河边，她是多么希望这样的美丽爱情可以重来一次。对每一个女子来说，碰上这样的爱情都会好好地珍惜，好好地与她的爱人挥霍生命的美丽。

但有人会说，哪会碰上如此的王郎呢？就像那首歌里唱的，"到哪里找那么好的人"呢？

你肯定还记得桃叶初遇王献之的场景，当时王献之那挺拔的身影不过是桃叶渡边人群里的一个普通的身影。其实每一个人都可能是你生命里的王献之，或者不会有歌声，或者不会有桃叶渡，但一定有过一个在车站、在码头、在机场,甚至是在家里,在风中、在雨下等过你的人。或许在等你的时候,他在心里默默地歌唱过。他就是你生活里的那个值得去爱、去珍惜的"王郎"!

去年今日此门中,人面桃花相映红

——崔护与绛娘的故事

很多人都看过韩国影片《我的野蛮女友》,那是一部很另类却又很感人的爱情片。

很奇怪的是,在拍完《我的野蛮女友》之后,导演郭在容却不再相信这种另类而有些疯狂的爱情,他开始回归传统,拍了一部中规中矩的传统爱情片,是说两个青年男女在放假的时候在乡下偶然相遇,然后开始了一段恋情。

那是一种纯美的爱情故事,一切开始得都是那么自然,而不是突然。我还记得影片有两个中文名字,一个叫《假如爱有天意》,一个叫《不可不信缘》。说老实话,我觉得这两个名字翻译得虽然直白了些,但就像影片里的爱情故事,是那么自然,那么贴切。我个人很喜欢这两个名字,因为我相信人生是有缘分的,而爱,则是有天意的。

有这样一个真实的故事,可以证明这一切,虽然它发生在遥远的唐朝,虽然我们了解它,只是从一首诗开始的。

那首诗很有名,是这样写的:

去年今日此门中，人面桃花相映红。
人面不知何处去，桃花依旧笑春风。

诗的作者是唐代诗人崔护。崔护于唐德宗贞元年间中举，最终做到了岭南节度使，也就是一方诸侯了。

说实话，虽然崔护的官后来做得很大，但他并不像唐代其他诗人那样给我们留下来很多作品，《全唐诗》记载崔护所作的诗总共才有六首。其中的五首也都属于比较一般的作品，知道的人也不太多。但就因为一首诗，也就是我们刚才读到的这首《题都城南庄》，就是因为这一首"人面桃花"之作，让崔护最终是作为一个多情的诗人，而非一个节度使、一方诸侯，留在了后人的心目中。

简简单单一首诗，而且是一首七言绝句，寥寥二十八字，为什么可以成为一个人一生的印记，让他在历史的尘埃里永不磨灭呢？

这就要说到这首"人面桃花"之作背后那个纯美的爱情故事了。

唐人孟棨所作的《本事诗》最早记载了这个故事。因为"本事诗"的意思就是挖掘诗的创作由来，挖掘诗创作过程中发生过的事情，所以我们可以相信，由这首诗引发的故事是一段真实的事情。

故事是这样的：唐贞元十一年，也就是公元795年，崔护来到京城郊外春游，邂逅了一位叫绛娘的女子。那么，崔护是在什么情况下去春游的呢，他又是在哪里遇到绛娘的呢？

根据史料记载，导致崔护去郊外春游的背景有以下四个方面：

第一，这一年崔护进京参加科举考试，但不幸落第了，也就是高考落榜了。这样一个落榜生，在离开京城之前百无聊赖，心情非常差，所以有机会当然想出去走走。

第二，正好这一天是清明节。唐人清明时节有郊祭的习惯，所以晚唐时杜牧就说"清明时节雨纷纷，路上行人欲断魂"，为什么路上有那么多行人呢？就是去野外郊祭。崔护也没事儿，自个儿在旅店里待着也闷得慌，再加上高考落榜，本来心里也郁闷，所以自己也想到郊外走一走。

第三，《本事诗》里记载崔护是个"孤洁寡合"之人，也就是他的个性是比较内向的，朋友也不多，所以他是一个人去郊外春游的。

第四，因为崔护没有什么亲戚在京城，郊外也没什么祖坟可以祭拜，于是他到郊外的目的，就纯粹变成了游春、散心。

不要小看这四个背景，在这四重背景下，崔护带着郁闷而又轻松的心情漫无目的地下乡了。要知道这种心态很重要，这让后来整个事件的发展都显得那么自然，那么纯粹，也让这段爱情故事虽然在当时显得有点不合礼俗，但在后人的眼里丝毫没有做作、矫情的成分。

崔护在野外漫无目的地游玩了半天之后，在大自然美好景色的熏陶下,心情也渐渐地明朗起来。他走啊走啊,不知不觉离城已远,来到一处山坳里。本来觉得没有路了,哪知道"山重水复疑无路,柳暗花明又一村",转过山坳,突然发现眼前是满野的桃树、杏树,花开满地,落英缤纷,景色非常好看。还有一户农家,就坐落在"那桃花盛开的地方"。

看到有人家,崔护才感觉口渴得厉害,于是加快脚步,朝那户农舍走去。边走崔护边想,不知是谁把家安在如此风景绝佳之地,说不定是什么大隐士之类的呢!崔护来到院墙外,只见柴门紧闭,只有院里"数枝桃花出墙来"。

崔护于是上前轻轻叩门。过了不一会儿,听见有人走进院里来,然后门吱呀一声开了。

崔护琢磨着开门的应该是位白发长髯、竹杖芒鞋的老者,这样才像隐士啊。哪知道,走出来的却是一位妙龄少女。这个少女虽然一身粗布衣服,却有着清俊脱俗的气质。

我们前面说过崔护是个"孤洁寡合"之人,就是性格本来很内向的,面对女孩子很不好意思。但这时候,人家门也开了,不好意思也得说话啊,只好把来意说一下。这女孩子看他没什么恶意,就让他进院引入草堂落座,自己就去张罗茶水。

崔护打量着四周,只见室内窗明几净,一尘不染,靠墙放着一排书架,架上放满了诗书,桌上铺着笔墨纸砚,墙壁还挂着一副对联,写着:"几多柳絮风翻雪,无数桃花水浸霞。"词句雅致,情趣不俗,那绝不同于一般乡野农家的风格。临窗书桌的纸上写着一首"咏梅"诗:"素艳明寒雪,清香任晓风;可怜浑似我,零落此山中。"这是作者在借梅花来感慨身世,一下子就引起了崔护这个高考落榜生的共鸣。

正看着,女孩儿端茶走了出来,崔护连声道谢,但喝了两口茶,就觉着别扭了。

草堂就两个人,人跟人在一起不说话,除非是亲人或者感情非常好,否则是很尴尬的。总不能让人家女孩子先说话吧,于是,崔护就期期艾艾地开口说话,先把自己博陵崔护字殷功的姓氏祖籍报了一下。

听了这话,女孩儿也回答他说:"小女绛娘,随父亲蛰居在此。"但说了这话,女孩儿就不再说什么了。

于是,崔护只得将话题一转,大赞此地景色宜人,如同仙境,是春游不可多得的好地方。绛娘只是听他高谈阔论,含笑颔首似是赞同,但并不说话。

说到这儿,很多人可能不理解,说这个女孩儿怎么这么矜持呢?要说不跟陌生人说话,为何又让崔护进来呢?

其实,在唐代虽然整个社会风气是很开放的,但青年男女之间,若不是夫妻,则不可同处一室,这在当时已经是一种全社会的共识了。这女孩儿父亲不在家,她一个人和一个陌生的年轻男子同处草堂之中,要是还高谈阔论的话,那绝对是那个时代里的另类,严格来说已经可以属于"野蛮女友"一类的了。所以绛娘不说话,不是代表她对崔护反感,而是当时的社会文化心理决定的。事实上,也正是因为绛娘的含笑不语,才更让离开之后的崔护不能释怀。

崔护本来就内向,说了几句,就没什么好说的了,两个人,一个坐在草堂的门口喝水,一个站在满树桃花下默默地静立。四下里山野寂寂,悄然无声,只有春天的气息和两个人静静的呼吸。在这种情况下,一对正常的青年男女,我以为心里很难不荡起一圈圈细密的涟漪来。

但是,圣人讲"发乎情,止乎礼"。即使风乍起,吹皱了心里的那一池春水,这时候又能怎么样呢?于是,两个人就在这幅美丽的乡村图景下,默默地度过了这段既漫长又短暂的春日下午的安静时光。

我觉得,两个人在草堂院中,在盛开的桃树下共处的这一段无声的空白时光至为关键。它就像绘画里的留白,也像音乐里的静音部分,对二人情感的萌发绝对起到了"此时无声胜有声"的作用。

平时很少接触女孩子的崔护自然不太明白少女的心思,见绛娘长久不语,虽然可以欣赏她桃花丛中默默静立的美丽身影,但心里未免还是有些惴惴不安。

眼看着太阳已经偏西,崔护只好起身,诚恳地道谢后,恋恋不舍地向少女辞别。少女把他送出院后,独倚在柴门上,默默地目送着崔护渐渐走远。崔护也不时地回过头来张望,只见桃花一般的少女,映着门前艳丽的桃花,一同在春风中摇荡,崔护不由得心中暗叹：真是一幅绝美的春景图啊！但绛娘眼中无限的眷恋他却是再也看不清楚了。

有人会问，如果说崔护偶尔出门下乡，偶尔看到像杜甫说的那样"绝代有佳人，幽居在空谷"，从而怦然心动的话，那还多少让人理解。绛娘知书达礼，又随父亲隐居在此，怎么能看到一个讨水喝的路人就也怦然心动呢？

我想，这不难理解，原因至少有三点。

第一，崔护虽然内向了点儿，但举止文雅，表现得很有涵养，尤其是他还长得很帅。孟棨的《本事诗》，还有清代康熙时期的《御定渊鉴类函》引明人张君房《丽情集》，都说"博陵崔护，姿质甚美"，也就是说他长得很帅。这样一个年轻英俊有涵养的男生并不是经常能遇见的，所以绛娘没理由对他没有好感。

第二，崔护讨水过程中的表现，虽然显得有些羞涩，有些放不太开，甚至还有些尴尬，但这正体现了崔护是个不擅于做作，是个有真性情的人。甚至很多时候，男孩子有点傻气，会让女孩子觉得他更可爱，更放心。

第三，就是我们刚才讲的那段关键的两人共处的无声时光。春日的午后，静谧的院落，满树的桃花下，一个是斯人独立，一个在背后深情凝视，此情此景，正所谓情景交融，在这种浪漫满园的氛围下，大概一个女子会比一个男子更容易动情。所以崔护不懂女孩子的心情，他以为绛娘不说话是不高兴了，只好惶恐地告辞。事实上，他这一走，已经带走了女孩子的一颗芳心。

事实后来也证明，绛娘对这一段不知从何而来的感情投入远比崔护要来得深。

崔护回乡后，虽也经常会想起曾经有过一面之缘的绛娘，但学业的压力使他渐渐地淡忘这事儿。这也可以见出崔护复读准备迎考，那是真下了功夫的。

第二年，崔护再次赴长安赶考，这一次功夫不负有心人，他考中了进士。在古代考中了进士就可以当官了。得官职赴官任之前，士子往往会在这时候成亲或订亲，这叫"洞房花烛夜，金榜题名时"，是古人认为的人生最大的两件幸事。这时候，崔护就想到了去年在城南郊偶遇的绛娘。高考压力释放之后，崔护首先想到的就是绛娘，说明他对绛娘还是心有所属的。

于是，因为那段"城南旧事"，他又一个春天的午后去寻访绛娘。

好不容易找到桃花谷里那户小小的院落，崔护还是像去年那样，边叩门边说："小生赏春路过，可否讨口水喝？"可是过了好长一会儿，门也没有像去年一样吱呀一声被推开来。崔护在门口等了很久，也不见有人来，只见院里的桃树将无数盛开的桃花伸到院墙外边来。

想起去年的场景，仿佛历历在目，崔护不由得深深地感慨。于是他一冲动，就在门上题了一首诗。这就是那首"去年今日此门中，人面桃花相映红"了。

话说崔护乘兴而去，败兴而归，心里总也放不下。脑子里总像是有个声音在问:"她究竟哪里去了呢?是外出,还是搬走了呢?甚至还是嫁人了呢?"他想来想去,越想越觉得对绛娘难以忘怀,尤其是她人面桃花中的倩影时常萦绕在心头,以至于茶饭不思。

数日之后,他再度往城南寻访,这回他熟练地找到了茅舍,可还没走近,远远地就听到茅舍中传出的阵阵哭声。崔护心中一紧,连忙加快脚步赶到茅舍前高声询问。

这回是一位白发苍苍的老者,颤颤巍巍地走了出来,泪眼模糊中,上下打量着崔护就问:"你是崔护吧?"

面对老汉一口道出自己的姓名,崔护有些惊讶,他点头称是:"晚生正是崔护。"

老汉一听,悲从中来,哭着说:"你杀了我的女儿啊!"

崔护惊诧莫名,急忙询问:"敢问老丈原委!"

老汉涕泪横流,哽咽地说道:"爱女绛娘,年方十八,知书达礼,待字闺中,自从去年清明见了你,日夜牵肠挂肚,只说你若有情,必定再度来访。她等过了一天又一天,春去秋来,总不见你的踪影,她朝思暮想,恍然若失。时过一年,本已将绝望,前几天到亲戚家小住,归来见到门上你所题的诗,痛恨自己错失良机,以为今生不能再见到你,因此不食不语,愁肠百结,一病而终。老朽只有这个女儿相依为命,之所以迟迟不嫁,是想找一佳婿,好让我们父女有所依靠。现在绛娘却先我而去了,难道不是你杀了她吗?"

崔护一听这话,心中一阵酸痛。两个人之间那种一层虽薄如纸却又厚如山的情感障碍一下就被捅开了。这时,崔护方知绛娘对自己竟是如此深情。

《本事诗》里记载这一段内容是这样说的:

> 崔请入哭之,尚俨然在床。崔举其首,枕其股,哭而祝曰:"某在斯,某在斯。"须臾,开目,半日复活矣。

这一段是说崔护跟跟跄跄进屋,也不再管什么礼俗,抱着停在草堂中的绛娘尸身放声大哭,一边哭一边就只说一句话:"我来了,我在这儿。我来了,我在这儿!"你看,从这种表达内容就可以看出来,崔护心中此前的那种对绛娘的距离感已是荡然无存了。幸好,不只女人的眼泪可以感天动地,崔护的眼泪也同样感动了苍天。

我估计绛娘也是一口抑郁之气郁积在胸中,可能也只属于医学上的"假死"现象,被崔护这么抱着一摇一晃,也就顺过气来了。于是,也就"复活"了过来。

那么,致使绛娘"假死"过去的那口抑郁之气又是为了什么呢?是为了去年春天的那场人面桃花的相会吗?假如从此崔护再也不来,绛娘也会死吗?我想,虽然那样,绛娘也会黯然神伤,但不会抑郁而终的。

她父亲也说她"本已将绝望"。在古汉语里这个绝望不是我们说的那个绝望的要死的那个意思,而是绝了那个念头,绝了那种希望的意思。《本事诗》里记载绛娘的死因,是她外出回来后,"及归,见左扉有字,读之,入门而病,遂绝食数日而死"。是说她是读了那首"去年今日此门中"后,随即就死了的。也就是说导致她死亡的后悔因素,是她感觉到她有可能错过了这场美丽的爱情。

事实上,如果有理智一些分析的话,既然崔护能在时隔一年之后再来到她的门前,说不定还会再来呀,况且诗里说"人面不知何处去",也就是说崔护也不确定碰不上绛娘的原因是什么,若他真的对自己有情,他就应该继续寻找,而非找一回就作罢。

但是,身在局中的青年男女又怎么会这么想呢?

这就像当梁山伯知道自己有可能与祝英台错过了,那种巨大的懊悔袭上心头,不久就夺去了他年轻的生命。那种擦肩而过、失之交臂的巨大痛苦与悲凉的感觉,只有身在情爱中的人才能切身地感受到。这正是绛娘可以见一诗而殒命,又可以闻一呼而苏醒的关键所在。

绛娘能够为了爱而死,又能为了爱而活,这就有了后来《牡丹亭》里杜丽娘那种为爱穿透生死的爱情至上主义的身影。既然连生死都能从属于情爱,最后的结局当然是完美的,正如《本事诗》中记载,绛娘"父大喜,遂以女归之"。有情人,终成了眷属。

关于这个故事,至少我个人的理解是,在情爱的世界里最深的痛不是杨过与小龙女的两世相隔,而是梁山伯与祝英台的一世错过,用《大话西游》里那句经典的台词就是:"人世间最痛苦的事,莫过于此!"

所以,假如你的手中还握有爱,请你相信,爱自有天意,不可不信缘!

相逢却似曾相识，未曾相识已相思

——红叶传情的故事

我还记得小时候，曾经在海边放过漂流瓶。

好像当时是受了一部外国影片的情节的影响，拿了一个空瓶，里面塞了张纸条，就满怀希望把它扔进了大海里。

那时候比较懵懂无知，也比较幼稚，记得纸条上只写了一句话："捡到这个瓶，记得要给我回信。"然后就什么都没写，没有姓名，没有地址，还好写的是汉语，捡到的人至少知道这应该是个中国人。

然后，好长一段时间，心里都满怀希望地等待。后来长大了，知道这很幼稚，也知道不可能真的会等到这样一封回信。但我每一次站在河边，站在江边，站在海边，甚至只要是站在水边，就会在潜意识里产生一种冲动——希望真的可以捡回一个漂流瓶，里面有写给我的、不知是来自天涯海角的哪一个角落的回信。

弗洛伊德的精神分析学有一种童年原型理论，是说童年的一些事情、一些想法，有时候会隐性或显性地影响一个人的一生。我大概就被这个漂流瓶情结给显性地影响了，一直到长大以后，我都特别喜欢写信。以前是用毛笔写那种蝇头小楷，觉得写的过程很惬意，很享受。现在都用电脑了，所以大多数时候用Email。但我即使接受了电子邮箱的写信方式，也一直难以接受微信、QQ这样的信息传递方式，因为那实在太快了，太直接了，太没有等待与回味的余地了。或者因为那根本就不是写信，只能叫聊天。要聊天的话，又不如面对面了，一个眼神、一个动作都会让你说的话得到无限的升华。所以我还是喜欢写信：在漫长的斟酌中，写下，寄出去；在漫长的等待后，收到，读出来。

但可惜，我当年从海上寄出的是一封再也不会有回信的信。

但也说不定呢！我总觉得这个世界是用"奇迹"这个词创造的。万一将来会有一封回信呢？万一会像唐代的于祐和韩翠萍那样，在命运的驱使下发生一段真正的奇迹呢？

于祐，是唐僖宗时期的人，并不是一个什么有名的诗人，只是一个屡试不中的读书人。但在大唐的国度里，只要是读书人基本上就都是诗人，只要是诗人就会有传奇。于祐就是一例最好的证明。

于祐年轻的时候，每年都到京城来参加科举考试，但很不幸，他作为一个高考落榜生，年年考，年年不中。这让他的人生一直都黯淡无光。所以，他最后只能到河中府贵人韩泳家去做家教和文字秘书。

就在于祐彻底灰心，告别科举考试之前，就在某年他进京赶考的过程中，发生了一件类似于漂流瓶事件的小事。

一天，于祐在皇城的街道上散步。时值深秋，西风送落叶，斜阳照残影，顾影自怜的于祐徘徊在御沟边，望着漂浮的落叶顺流而下，内心充满迷茫和怅惘，感到人生如落叶一样随水飘零。

他下意识地在蹲在御沟边，毫无目的地拨弄着河水。忽然，他看见顺水漂流过来一片红叶，上面隐隐约约，好像有墨迹。眼看着这片红叶就要从他眼前流走了，他急忙捞起来，仔细一看，红叶上果然有字，还是一首诗。

诗中写着：

> 流水何太急，深宫尽日闲。
> 殷勤谢红叶，好去到人间。

于祐反复吟诵这首诗，细细地品味，从字迹来看，工整秀丽，应该出自一个女子的手笔；从诗的含义来看，写的是一个女子孤寂无聊的心情，"深宫尽日闲"，从这句中可以知道，她生活在深宫中，能写出这么哀绝凄婉的字句来，一定是一位绝妙佳人。十之八九，可能是一位宫女。于祐不由地叹道："唉，可惜了一个如此多情的女子！"

于祐晾干了红叶，把它揣在怀中，回到了客店。以后的许多天，总会坐在书桌前，手中拿着红叶，痴痴地发呆。

为什么定情要有信物，为什么结婚要送戒指？"钻石恒久远，一颗永留传。"为什么不是一堆永留传呢？事实上，事物越小，越集中，越能引发人们对事物相关人的想念与思念，所以王维《红豆》诗才说"愿君多采撷，此物最相思"啊。

于祐虽然根本没见过那个红叶题诗的宫女，但他天天看那红叶，心中就不由自主想的全是那个素未谋面，却又神交已久的红颜知己。这样浑浑噩噩过了许多日，竟然因为思虑过度，病倒在客店里。

他的好友听说后，就赶到了于祐的住处来看他。听于祐说出自己得病的根由后，不由得哈哈大笑，说："你怎会如此愚钝，这个女子写这首诗，又不是有意于你，而你也是在偶然间得到的，何必如此痴情呢？而且，皇宫守备森严，你怎么可能找到这个女子呢？你的这种痴情真是好笑啊！"

于祐回答说："你也不必讥笑我，假如你身处我的这种境地，定然也会如此。姻缘前生已经注定，能得此佳人为妻，什么功名利禄，都不过是过眼云烟罢了。"

注意，于祐这段话意思的关键在于他相信姻缘乃属前生注定，好像就是相信我们常说的宿命论，相信是命运把这片红叶送到了他的手里。所以，作为旁观者，他也知道寄希望于这段情感纯属无稽之谈，但作为当事人，他宁可信其有，不愿信其无。

于祐为什么会这么想呢？一般人会觉得他就是当局者迷，痴心妄想而已。但我觉得这和唐人的文化心理有关系。

我们知道唐代是三教并行，也就是儒、释、道都很流行。释家，也就是佛家是讲宿命论的，这不用说。儒道两家看似不同，但追根溯源，都本出于《易》。魏晋南北朝以来，易学盛行。到了唐代，儒、道两家这时都有非常浓厚的易学色彩。易学也讲命运，但不是佛家宿命论，不只是简单的命中注定。

据我的研究，中国传统易学的命运观其实是种系统论与信息论，它认为我们每个人、每个群体，乃至整个社会都生活在各种各样的系统之中，系统中的信息变化多样，有些信息的变化会引发整个系统的变化，就像多米诺骨牌一样。对于那些能引发整个系统变化的关键性信息，要研究，要重视，甚至要顶礼膜拜。所以《易经》中的卜筮，就是用极为神秘的形式去寻找这种信息，然后对它顶礼膜拜。后世易学流于民俗，发展成了相命之学，那都是迷信，都是末流，但易学本身的这种命运观还是有着它独特的价值的。

于祐把这件事当作命运的安排，把这片红叶当作是他人生系统的关键信息、关键因素来看待，认为这片红叶会带来他个人人生系统的一系列变化。这种命运观就不是佛家的宿命论了，宿命论本质是消极的，而这种命运观恰恰会催生出积极的人生态度。所以创造这种命运观的《易经》，在乾卦里就说"天行健，君子以自强不息"。

正是在这种信念的作用下，于祐拖着病体，又来到御沟边，沿着水流找到了源头。原来御沟的水流只是经过皇宫，它的源头在皇宫外面。这时，他看着御沟中顺水漂流的落叶，心中一阵阵地激动，仿佛梦想因此就会成真。他拾起一片红叶，也在上面题了一首诗：

> 曾闻叶上题红怨，叶上题诗寄阿谁？
> 流水无情何太急，红叶有意两心知。

写完后，他把这片红叶放入御沟的上游，看着它漂漂荡荡，流进了皇宫里。

我们来客观地分析一下，于祐的这种行为到底有多荒唐。

第一，根本无法知道这红叶流进了皇宫能否被人注意到。它有可能怎么进去的，怎么出来。这叶子最大的可能就是上游进，下游出，流入皇宫不过是到此一游而已；第二，就算它进去了，也被人拾到了，谁又能保证那个人一定是当初叶上题诗的那一位呢？第三，就算过于幸运，拾到落叶的真便是在叶上题诗的那一位，但宫门一入深如海，她又怎么出得来又怎么与你相认呢？第四，就算她侥幸出宫了，又怎么知道你这首红叶诗是谁写的，人海茫茫，又到哪里去找你呢？

我们不难发现，于祐这一做法确实荒唐，但不要忘了，你我这样想，那都是局外人，于祐他不这样想，他想到的只有千里姻缘一叶牵，一切自有命运的力量！这就像莱特兄弟相信他们能飞，最终就飞起来了一样。果然，这片红叶开始发挥它在于祐人生中的关键性力量了。

这次落第之后，于祐怀揣着那片红叶，永远告别了科举的考场，以后他再也没参加科举。要是他还一如既往地考，说不定哪天考中了，就再也没有后来的故事了。然后，他像我们开头说的，来到了韩泳家做家教。

唐僖宗乾符元年（874），天下大旱，皇帝为了表示自己崇尚节俭，带头做个示范，于是遣散宫女三千人，以显其施政的仁厚。有一个宫女叫韩翠萍，被遣散后无家可归，于是寄住到了远房亲戚韩泳家中。

一天，韩泳突发奇想，就给于祐做媒，说韩翠萍原本也是良家女子，刚刚三十岁，比你小一岁，眉清目秀，才貌出众。而你也老大不小了，我来撮合一下，让她嫁给你，你看怎么样？要知道于祐这时候已经三十一岁了，在现在也算是大龄青年了，实在不能再等下去了。于祐听到这话，叩谢允诺。于是，韩泳请人做媒，帮助于祐送了彩礼。一切都按照礼仪妥办，成就了这件婚事。

成亲之后，韩翠萍有一天偶然在于祐的书箱里见到了那片红叶，不由得大吃一惊，说："这是我所作的诗句，这是我亲手放于御沟中的红叶，相公你是怎样得到的？"于祐就把捡到红叶的始末告诉了韩翠萍。韩翠萍马上说："这真是巧了，我从御沟中也捡到一枚红叶，不知道又是什么人作的呢！"于是开箱取出红叶，于祐一看，正是自己的那片红叶，当时热泪盈眶，心里说："真是一切自有天定，不可不信缘啊。"当年在心中发下的宏愿竟真的实现了，谁能说这不是命运的力量呢？两个人拿着题诗放流的红叶，惊叹不已，感慨不已。

后来，韩泳设宴招待于祐和韩翠萍。韩泳说："你们二人怎么答谢我这个媒人呢！"韩翠萍笑道："我和夫君天作之合，媒人却不只是你呢！"韩泳说："这从何说起呢？"韩翠萍要来纸和笔，作了一首诗：

一联佳句题流水，十载幽思满素怀。
今日成却鸾凤友，方知红叶是良媒。

有的读者朋友可能会问："传说吧？要不就是小说吧？真的有这么神的事儿？"还别不信，还就真有这事儿，而且还不只一件。

于祐和韩翠萍红叶传情，最早见于北宋文人张实的《流红记》，其中还记载了唐昭宗时，宰相张濬曾作诗记述的这段传奇故事："长安百万户，御水向东流。水中有红叶，惟君得佳句。子复题脱叶，送入宫中去。深宫千万人，叶归韩氏处。出宫三千人，韩氏籍中数。回首谢君恩，泪洒胭脂雨。寄寓贵人家，方与子相遇。佳聘六礼具，百年为夫妇。儿女满眼前，青紫盈门户。兹事自古无，可以传千古。"可见此事不虚。

唐人孟棨所作的《本事诗》中，也曾记载过与此类似的另一个故事。

唐肃宗时，诗人顾况一次与友人游园，于流水中得到一张大梧叶，上面有诗一首："一入深宫里，年年不见春。聊题一片叶，寄与有情人。"个性洒脱的顾况见诗后，也取一片树叶，题诗在上:"愁见莺啼柳絮飞,上阳宫女断肠时。君恩不禁东流水,叶上题诗寄与谁。"让其泛于波中,随水漂流进宫。

十多天后,友人在东苑游春时,又得一红叶题诗,当即带回送给顾况。诗是这样写的:"一叶题诗出禁城,谁人酬和独含情?自嗟不及波中叶,荡漾寻春次第行。"遗憾的是,这一段缘分终究没能成为类似于祐夫妇的佳话。

另外,于祐题红叶诗的时候曾有一句叫"曾闻叶上题红怨",也就是说他之前就听说过这种红叶题诗的事儿。那在他和韩翠萍之前是不是还有这样的事儿呢?

还有!

明人徐应秋的《玉芝堂谈荟》里就记载了唐德宗时,奉恩院王才人养女凤儿曾在红叶上题诗,放在御沟中随水流出,这比于韩之恋要早了将近一百年。进士贾全虚得到了此叶,认真起来,怀恋题诗的人,以至于经常思念泣下。德宗皇帝知道了,查问其事,最后将题诗的凤儿赐给了贾全虚为妻。你看,这么多红叶题诗、缘定今生的事儿,难道还能说此事只是读书人善意创作和加工的吗?

我曾经在自己班上做过一个小小的调查,结果是百分之九十的人都肯定地认为这是一个传说故事,也就是不认为这是实有其事的。这还只是年轻的大学生们的想法。等到他们在社会上再摸爬滚打几年,就会有更多的人不会相信真的发生过这样的事情。因为在成长乃至成熟的过程中,我们会越来越老于世故,越来越现实，越来越不相信会有奇迹发生。我们把这种心态美其名曰"理性"。事实上这反倒是成长的悲哀。

这至少反映出这种心态的三个方面。

第一，旁观者姿态。有句话叫"旁观者清"，本来是说旁观者容易把事情看得清楚，但事实上，我们成人之后，往往看重的是旁观者的清闲、轻松和不负责任。工作与生活里会有很多事儿，很多细节，只要能糊过去就行，而不是借此来求新局面，新境界。我们常说没有机会，实际上是因为我们已经不会把一片顺水流来的红叶当成改变人生的机会而已。

第二，不相信奇迹。我们小时候听故事，会把自己想象成不是孙悟空就是二郎神，于是我们那时相信是有筋斗云，是有七十二变的，只是自己还没有机会学会而已。但我们长大后再不会把自己置身于故事里，所以也就不会再相信那些腾云驾雾的奇迹。要不是莱特兄弟发明了飞机，我们有可能到今天也无缘与那些天空的鸟儿们一起比翼飞翔。

第三，对命运的消极理解。人一生的这个生存系统里，除了你自身，还有很多未知的因素，有很多变化的信息。这些因素、信息总会在某些特殊的时候里露出些蛛丝马迹。观察它，揣摩它，引导它，控制它，这就是易学所倡导的主动的命运观。音乐巨匠贝多芬说"我要扼住命运的咽喉"，潜台词就是首先是有命运的；其次，我要成为那个驾驭自身命运的人。而宿命论则把命运当作是纯粹的不可知不可控的因素，所以习惯了任人宰割，对于细微的变化向来麻木不仁。

当然,这些只是红叶传情这个真实的故事带给我个人的思索,它带给后人更大的财富是一种独特的情感传递形式。自唐以后,用红叶,或红叶题诗来表达爱意,几乎成了一个奇特的东方文化现象。以至于北有北京的香山红叶,南有南京的栖霞红叶,都成了这种红叶文化的典型代表。

上世纪20年代,在北京的香山脚下,与张爱玲、萧红、庐隐一起合称为"民国四大才女"的石评梅收到了高君宇所赠的一片红叶。

高君宇是共产党早期的革命活动家,当过孙中山的秘书,周恩来与邓颖超的婚姻他就是介绍人。石评梅只见红叶上写着两行字:"满山秋色关不住,一片红叶寄相思。"她心潮起伏,久久不能平静。

她心里很喜欢高君宇,但高君宇在乡下有一个父母包办婚姻的妻子。她表示:"宁愿牺牲个人的幸福,而不愿侵犯别人的利益,更不愿拿别人的幸福当作自己的幸福。"而且,石评梅自己也有一段痛苦的感情经历。所以高君宇的红叶传情,遭到了石评梅的拒绝。她在红叶背面写了一句:"枯萎的花篮,不敢承受这鲜红的叶儿",然后退还给高君宇。

不久,高君宇劳累过度病逝京华,葬在了陶然亭。石评梅整理他的遗物时又看到了那枚红叶,此时红叶依然,但却物是人非,只有那份感情还依然鲜艳、炽烈。她悲痛欲绝,心如刀割,怀揣那片红叶,亲笔在墓碑上写了一句话:"君宇!我无力挽住你迅忽如彗星之生命,我只有把剩下的泪流到你坟头,直到我不能来看你的时候。评梅。"

石评梅不久也去世了,她的坟就挨着高君宇,一起葬在了陶然亭。虽然,他们没能像于祐、韩翠萍那样结为连理,但因为那鲜艳的红叶,他们的命运同样紧紧地连在了一起。这不就是生命的奇迹吗?

所以,我现在有时还会伫立在水边,等着一封或许永远也不会等到的信。

七月七日长生殿，夜半无人私语时

——唐明皇与杨贵妃的故事

讲唐明皇李隆基与那位美女杨玉环，首先要来看看，他们之间到底是什么关系？

是恋人关系？还是情人关系？

但肯定不是夫妻关系！

要知道，他们只是皇帝与妃子之间的关系，而不是皇帝与皇后之间的关系。即使在杨玉环最得宠的时候，她也只是被封为贵妃；即使在皇后位置空缺的时候，杨玉环也没有被扶正，还只是贵妃。在古代，对于皇帝而言，只有皇后才拥有和皇帝的夫妻关系，不管你说杨玉环是李隆基的情人也好，恋人也好，她只是他的一个妾，虽然是最高级的妾，但却不是妻。

除了这些，他们还有一种关系，那就是他们也曾经是公公与儿媳之间的关系。在李隆基遇到杨玉环之前，也就是她十七岁的时候，就已经被册封给唐明皇的第十八个儿子李瑁为妃，做了唐明皇五年的儿媳。

不论是哪一种关系，我们看，按道理，按情理，他们之间都不像会有爱情，尤其是真挚的爱情，可世人却都偏偏说他们有。

那么，在唐明皇与杨贵妃之间到底有没有真正的爱情呢？如果有，又是怎么产生的呢？而且，如果有，一个并非亡国的皇帝为什么不能保护自己的爱人呢？或者换句更强烈的疑问句，那就是如果是真爱，为什么李隆基会一手杀害了他的亲密爱人呢？

重重谜团，让我们来层层剥茧！

先来看唐明皇与杨贵妃之间算不算得上真爱。如果是真爱，一定是两情相悦，一定是你有情来我有意，在唐明皇与杨贵妃之间是不可能存在着单相思那种爱情的。

既然这样，我们就花开两朵，各表一枝。先来看看，唐明皇对杨玉环算不算得上是真爱呢？我觉得要搞清这个问题，首先要解决这样几个疑问：

第一，公公会不会爱上儿媳？

有一个词叫"爬灰"，指的就是公公与儿媳之间的私通。

公元737年，唐明皇曾经最宠爱的武惠妃死了，贴身宦官高力士为了安抚圣上的哀思之苦，安排酷似武惠妃，但比武惠妃更漂亮的杨玉环与唐玄宗见面。

在骊山华清宫，唐玄宗第一次召见了儿媳杨玉环。明皇一见之下，立即目瞪口呆，万分惊艳。但只可惜，她是自己的儿媳！于是内心展开了激烈的思想斗争，也就是很矛盾了。

为什么矛盾啊？就是为了眼前美色，要不要跨越世道伦常的矛盾？放在常人，不论是从道德伦理，还是从情感上都肯定过不去这一关。但大唐李家的血统跟汉人不完全一样，据史学家考证，其中至少有一半可能是胡人的血统。我们知道，胡人在婚姻上子娶母，弟娶嫂，所以古人说"脏唐臭汉"，唐高宗娶了父亲的老婆武则天，唐玄宗则是娶了儿子的媳妇杨玉环。

我们有理由相信，在一面之缘里，决定李隆基个人行为的是好色的遗传基因，而非爱情的基因。于是，他先安排杨玉环出家，所以后世又称杨玉环为杨太真，然后绕个弯再把杨玉环娶到宫里，以为这样就可以掩世人之耳目，纯属是掩耳盗铃。若是光明正大的真爱，完全不用这种猥琐的手段。

第二，唐明皇宠爱杨贵妃的时候，如何对待其他的女人？

白居易的《长恨歌》里说，杨贵妃是"三千宠爱在一身"，真的是这样吗？恐怕未必！

就在唐明皇册封杨玉环为贵妃的第二年，他照样在全国开展选秀活动，规模搞得还挺大。这就说明，他对杨贵妃并不是"我的眼中只有你"。

就在他专宠杨贵妃的同时，又和杨玉环的三个姐姐搞在一起。特别是对已被封为虢国夫人的杨玉环的三姐，让她可以随便出入宫禁与自己幽会。唐明皇与这位"个性解放"的荡妇在宫中公然乱搞，一点也不避杨贵妃。这个虢国夫人可不同于杨玉环，她是个死了丈夫的寡妇，曾经和堂兄杨国忠乱搞男女关系，现在又时时出入宫禁和妹妹深宫争宠。在这种情况下，杨贵妃的宫廷生活，能过得舒心、舒畅吗？顶多不过是物质生活舒服些罢了。

这些事情并不是野史或者道听途说，那都是在《旧唐书 ·

后妃传》上有明确记载的。

第三，唐明皇为什么要杀杨贵妃？

古往今来不乏不爱江山爱美人的典型。顺治帝在董鄂妃死后，心灰意冷出家了。英王爱德华八世，也就是著名的温莎公爵，为了一个寡妇辛普森夫人，不顾所有人的反对，义无反顾地放弃了王位，这才是真的不爱江山爱美人。不论行为是不是荒唐，但至少称得上真爱。而唐明皇为了杨贵妃，连其他的女人都舍不得放弃，更何况是江山呢！

后来安史之乱，唐明皇逃往四川，在走到马嵬坡这个地方的时候，手下将士哗变，杀了奸臣杨国忠，因怕将来杨贵妃会报复，所以要求也要杀了杨玉环。这个所谓要跟杨玉环天长地久的男人只是弱弱地问了声："能不能不杀？"在得到否定的答案之后，立即按少数服从多数的原则，将杨贵妃赐死。虽然结局是无可奈何的，但就李隆基这个男人当时的表现来看，他一点也没尽到对自己女人保护的义务与责任。在危急关头，李隆基所谓的"牺牲精神"，就是要牺牲杨玉环这个女人的生命，来保存自己苟延残喘的地位。这难道就是他对杨玉环的爱吗？

反过来，我们再来看看杨玉环对这个李隆基算不算得上是真爱。同样也要回答这样三个问题。

第一，儿媳妇会不会爱上公公？

因李瑁的生母也就是武惠妃病死，李隆基要选妃，竟看上了儿媳妇杨玉环，这真是"爱你没商量""爱你不商量"了。当李隆基把二十二岁的儿媳妇杨玉环从儿子身边抢走时，我们不禁会疑问，李瑁和杨玉环为什么会逆来顺受，没有丝毫的反抗呢？最起码李瑁也应该举手示意，说一声"我反对"吧！

问题是杨玉环如果不顺从，李瑁则有可能性命不保。

历史上唐朝李氏一家，从唐太宗李世民杀兄李建成、杀弟李元吉算起，父子兄弟骨肉相残代代有之。唐玄宗也是个杀人魔王，为了家庭纠纷的小事，一怒之下，一天之中杀掉三个亲生儿子——太子李瑛，鄂王李瑶，光王李琚。

我想，是为了保护李瑁也为了自保，杨玉环只好顺从，这即使算不上忍辱偷生，总不能说是心甘情愿吧。至于杨玉环到李隆基身边，有没有怨言，新旧《唐书》都忽略未记。但乐史的《杨太真外传》却说，天宝九年（750）杨玉环第二次被逐出宫的原因是"窃宁王紫玉笛吹"，也就是说唐明皇怀疑杨玉环思念前夫。因为杨玉环的前夫李瑁自幼住在宁王府里，由宁王之元妃养大。杨悄悄吹"宁王紫玉笛"，思念前夫之情，也就显而易见了。唐人张祜有诗曰："梨花深院无人见，闲把宁王玉笛吹。"说的也是这事儿。所以杨玉环虽然屈从了，但心里那份情绪是不是爱情，可想而知。

第二，一个女人怎样爱一个花心的男人呢？

《旧唐书》里记载，杨贵妃有多次被"遣归"的经历，也就是她跟李隆基闹别扭了。其中有一次大概就是我们刚刚说的"窃宁王玉笛"的原因，但《旧唐书》统统说成是"因妒"，也就是说杨贵妃乃是因为跟别的女人,这其中包括跟她的姐姐争宠。而且这种行为的结果是触怒了唐玄宗而被"遣归"。

注意,先不管是什么原因,结果是杨玉环并不是气得离家出走,而是被那个当皇帝的男人给赶走的,而原因只是她妒忌他跟别的女人关系暧昧,尤其是这个女人还是自己的姐姐。

从杨玉环本人来说,这种宫廷生活或许她已经过厌了,所以能够"遣归"也可以说是件好事,说不定可以得到解脱呢。但这个时候的她已经做不了自己的主了,娘家的兄弟姐妹三姑六婆八大爷都希望沾她的光,从她那儿获得荣华富贵。现在唯恐她一旦被贬,不仅富贵不保,说不定还会大祸临头。这叫一荣俱荣,一损俱损。

于是全家都来说服她、动员她,思想工作做得非常彻底,要她向唐明皇认错,争取回宫。杨贵妃这才有一次次地被"遣归",又一次次地被召回。

作为李瑁妃子的杨玉环,自己的家庭被拆散,自己的身体被霸占,还要眼睁睁地看着唐明皇与三姐乱搞,不许忌妒,她幸福吗?作为已经被册封为贵妃的杨玉环,自己的老公跟别的女人瞎搞,还把自己赶出家门,反过来还让她来向这个花心的男人道歉、认错,她幸福吗?身处此种境遇下的女人又能、又会怎样深爱那样一个男人呢?这恐怕不是强颜欢笑,握着拳头说一句"我能"就真的能够做到的!

第三,一个女人怎样爱杀害自己的男人?

《旧唐书》里记载，马嵬坡兵变的时候，杨贵妃最终是被"诏，遂缢死于佛室"的。我就奇怪了，唐明皇即使要赐死杨贵妃，也不该让她在佛室里自杀吧。要知道，唐代是非常崇佛的，佛教的影响是很大的。在逃亡的路上还要有专设的佛室，可看出皇家对礼佛的重视，这样就更不应该在佛堂里赐死杨贵妃了。佛家本来就讲不杀生，这在佛堂里杀人，要犯多大的忌啊！

难道是杨贵妃自己选择在佛室自杀的吗？

从字面上看不像，"诏，遂缢死于佛室"，也就是一下诏，杨贵妃就死了。形势所迫，大概杨贵妃根本没得选择。事实上关键正在形势所迫上，可见李隆基那个男人在形势面前露出了政客的本来面目，当机立断，管杨贵妃在哪儿，先杀了再说。大概杨贵妃正好在佛室，所以也就赐死于佛室了。

另外，民间大多传说是杨贵妃自缢于佛室的，但我们从《旧唐书》里并没有明确读到杨贵妃是自缢的。《旧唐书》所说的"诏，遂缢死于佛室"，从字面上看倒是让人勒死的可能性更大一些。因为要是自杀的，那么这句话就应该说成是"诏，遂自缢于佛室"。原句中的"诏"与"缢"两个行为动词的主语，也就是执行这两个动作的人，明显有着一定程度的连贯性。

当然，不管最后是自缢，还是让人给勒死的，其实差别都已不大。因为这时候，那个风流皇帝露出的已不是一个丈夫的温情面目，而是一个政客的狰狞面目。虽然是偶尔露狰狞，但这就是这个男人的本质。面对这样一个为了自身的处境，匆忙杀害自己的男人,试想一个女人又该怎样去爱他呢?我想,杨玉环临死前的那一刻,心中一定有无限的悲凉。

似乎现在我们可以下一个结论了,也就是唐明皇与杨贵妃之间根本就是权力与色相的游戏,他们之间根本就没有什么所谓的爱情。但如果是这样,为什么从白居易的《长恨歌》,到白朴的元杂剧《梧桐雨》,到洪昇的《长生殿》,都把李杨爱情描绘得那么真情动人,甚至美轮美奂呢?

这个问题可以这么回答,是白居易首先误导了后人。或者说,是白居易的《长恨歌》误导了后人。

这就要弄清楚,白居易的《长恨歌》是实写李杨爱情还是虚写,抑或是一种纯粹的艺术加工与创作?

答案首先肯定不是实写,最简单的一个证据就是《长恨歌》里最有名的那几句结尾:

> 七月七日长生殿,夜半无人私语时。
> 在天愿作比翼鸟,在地愿为连理枝。
> 天长地久有时尽,此恨绵绵无绝期。

这段话是在篇尾回忆,李、杨二人每年七月到华清宫,这一年的七月七日,在华清宫的长生殿,两个人海誓山盟,后来却不能善终,所以"此恨绵绵无绝期",《长恨歌》的名字也据此而来。

但据陈寅恪等人考证,这事压根儿就不可能存在。据《旧唐书》

记载，李、杨每年十月才去华清宫，只在冬季和初春住在那里，为的是"泡温泉"，而不是避暑，白居易诗里也说："春寒赐浴华清池，温泉水滑洗凝脂。"所以看来包含七月七日的长生殿盟誓，以及《长恨歌》中的许多事情，有可能都是白居易的杜撰而已。

事实上，据白居易的朋友陈鸿后来回忆说，他与白居易、王质夫三人于元和元年（806）十月到仙游寺游玩，偶然间谈到了唐明皇与杨贵妃的这段悲剧故事，大家都很感叹。于是王质夫就请白居易写一首长诗，请陈鸿写一篇文，二者相辅相成，以传后世。所以白居易写的叫《长恨歌》，它是一首诗；陈鸿写的叫《长恨传》，它是一篇文。他们俩都不是在写史，纯粹是一种文人的艺术创作而已。

那么，回到诗的内容来看，白居易又不是玄宗朝人，又不需要拍皇上的马屁，为何要美化李杨爱情呢？这里的答案恐怕与白居易自己的人生经历有关。

白居易写《长恨歌》的时候正好三十五岁，而他是三十六岁结婚的。也就是说，他是在结婚前一年写的这首《长恨歌》。

很多人会觉得奇怪，为什么白居易到三十六岁才结婚？即使是在现代，这也绝对算是大龄青年了！说实话，说大龄青年都实在有些勉强，唐代可是一个早婚早育的社会。

答案是白居易伤心得不肯结婚。白居易年轻的时候在徐州符离曾有过一个情投意合的姑娘，由于姑娘的家庭地位不高，社会上等级门第观念的阻隔，使他们终究没能有情人成为眷属，这给白居易带来了巨大的痛苦。直到诗人后来离开符离,与这位女友永别后,还一直眷恋着她。白居易在《潜别离》诗里说:"不得哭,潜别离。不得语,暗相思。两心之外无人知。"又说"惟有潜离与暗别,彼此甘心无后期",说的就是自己的这种心态。

白居易饱尝了相思的苦痛,渴望着真挚的、永不分离的爱情。因此,在创作《长恨歌》的过程中,他很自然地融注了自己的思想感情,对这些"希代之事"进行了加工润色,并按照自己的爱情理想塑造了李、杨形象。也就是说白居易在对李、杨绵绵不绝的刻骨相思的刻画中,倾注了自己的愿望与苦痛;他描绘李、杨爱情忠贞不渝的品质,就是为了把这段爱情升华到理想的高度,使之符合于自己的观念。所以写《长恨歌》的时候,白居易也是"我以我血荐轩辕"的,所以《长恨歌》才那么成功,那么感人。

我想,通过《长恨歌》的创作,白居易郁结在心中的情爱之痛多少得到了宣泄与抚慰,鲁迅先生说,"长歌当哭,是必须在痛定之后的"。对于白居易来说,《长恨歌》创作完成,也就是"痛定之后"终于可以收拾起旧心情,开始一段新生活了。所以,三十六岁那年,白居易结了婚。

好了,现在再加上白居易的这种创作原因,我们几乎可以肯定地说,李、杨之间是谈不上什么爱情的,更不要说什么真挚、永恒的爱情了。

但慢着,古训告诉我们,对一个人别急着下结论,更何况这是对两个人。回过头,我们再来看看,李杨之间是不是就真的一点感情、一点爱情也谈不上呢？

这同样也要问几个问题。

第一，在白居易之前，就没人歌颂过李杨之爱了吗？如果有，那么白居易也就不是纯粹的杜撰了。历史也就不是纯粹被《长恨歌》误导的了。

最有力的证据就是李白。李白可比白居易更有说服力。如果说唐代有二白，李白是"太白"，而白居易只是"小白"。李白是与李、杨生活在同一时期的人，而且我们都知道他与唐明皇与杨贵妃都是有过亲密接触的。他在大醉初醒之际，曾经为杨贵妃一挥而就作《清平调》三首，每一首都是名动千古之作。

第一首"云想衣裳花想容"是说玉环之美；第二首"借问汉宫谁得似？可怜飞燕倚新妆"是说玉环之得宠；第三首："名花倾国两相欢，长得君王带笑看。解释春风无限恨，沉香亭北倚阑干"，其中就有不尽的缱绻意韵。也就是说，李白总的来说也是基本认可并描摹了李杨这段惊世恋情的。

另外，稍晚一些的杜甫，也有《丽人行》等作品客观地表现了李杨这种"名花倾国两相欢"的场景。也就是说，虽然白居易在《长恨歌》里糅进了自己的情绪，以及自身对爱情的理解，但李杨恋也不完全就是子虚乌有，至少在当时当世，也还是受到时人的基本认可的。

第二，李隆基与杨玉环之间是不是就根本没有任何共同语言？

答案是否定的。

唐明皇与杨贵妃两个人都擅长音乐,唐代最有名的大型舞曲《霓裳羽衣曲》可以说就是两个人一起合作完成的。另外他们还一起创作很多乐曲与舞曲,可以说,在艺术情趣上两个人有着很大的相同和一致之处。这从生活中的小事也可以看出来。

据唐人野史记载,唐明皇与杨贵妃喜欢下棋,他们俩自创了一种非常奇特的下法。就是以人代棋,让宫女三十二人为棋子,胸前缀以棋子的名称,在绘有棋盘的地上走动来下棋。所以就有了"香车、桂马、金将、银将、玉将"等棋子的名称。后来,这种下法传入日本,演变成日本的将棋。可见,在这些生活情趣、生活细节上,两个人不仅有共同语言,而且共同语言特别丰富。事实上,人和人的接触,这种生活情趣、生活细节上的共同语言特别重要。所谓日久生情,主要也就是在这种状态中情感达成默契的。

第三,正史记载的杨贵妃的多次因妒被遣出宫是不是多少也能说明些问题。

我们前面谈了杨玉环的嫉妒生气而被多次遣归。这虽然说明了李隆基的花心,但反过来也说明杨玉环的在乎啊。一个好吃醋的女人,不往往正是深陷在情爱围城中吗?

第四,唐明皇晚年对杨贵妃的深刻思念是不是史有其实?

《长恨歌》里写杨玉环死后,李隆基在余下来的人生里,对杨玉环是刻骨思念,每天是"夕殿萤飞思悄然,孤灯挑尽未成眠。

迟迟钟鼓初长夜，耿耿星河欲曙天"，也就是思念到"惟将终夜长开眼"的地步，想得整宿整宿地睡不着。后来作为太上皇的唐明皇，又请道士、方士作法，与杨玉环托梦相见，总之是将李杨的尘世之爱进行了最后的梦幻升华。

那么，这一段描写是不是也是全然凭空的呢？

《旧唐书·杨贵妃传》记载，唐明皇被太子逼着退了位，没权了，这时候分外想念杨贵妃，悄悄命人将当初草草安葬的杨贵妃尸体移到长安，但这时候尸体已经毁坏了，只有杨玉环当年佩带的香囊还在。唐明皇睹物思人，泪下涟涟，"乃令图其形于别殿，朝夕视之"。也就是命人画了杨贵妃的像挂在自己住处的墙上，一直到死，每天都对着墙上的杨玉环寄托深深的哀思。正所谓人之将死，其言也善。我以为这多少还是可以看出李隆基对杨玉环的一些真情来的。

那么，我们到底应该怎么评判李隆基与杨贵妃的这段惊世之恋呢？

我以为很简单，民间夸大了他们的爱情，是因为这段故事的背景是著名的开元盛世和安史之乱，在盛极而衰、巨大变革的时代背景下，人们总希望发生些什么，尤其是些缠绵绯恻的故事，来纪念那段特殊的历史时期。谁来演绎这场故事呢？最好的主角莫过于一手开创这个盛世和一手毁灭了这段盛世的人。现今的学者大多完全否定这段爱情，是因为他们太冷静，太客观，从史料出发，完全忽视了人在生活中积累起来的一些不可以简单用道理来说明的情感。

所以这位风流皇帝与中国第四大美女的情爱,既不是一场什么爱情盛宴,也不是全然的色相与权势利益的交易。这就是一出凡人之爱、常人之情,仅此而已。

问君何如东流水,一洗铅华万古愁

——李后主的故事

我们大多数人谈到那位有名的南唐后主李煜,都是把他当作一个伟大的词人来景仰,而不是把他当作一个昏庸无能的君王来鄙夷的。我们之所以对李煜充满了同情,就是因为他的词,和他词里那种深沉的亡国情怀。但李煜在亡国之前,事实上就已经是一个独步当世的杰出词人了。

我们来看他早年的一首词,词牌名叫《菩萨蛮》,词是这样写的:

花明月黯笼轻雾,今宵好向郎边去。刬袜步香阶,手提金缕鞋。 画堂南畔见,一晌偎人颤。奴为出来难,教郎恣意怜。

这首词写的是什么内容呢?

是一个女子与情郎幽会时的场景。说有一个大家闺秀,夜里要和情郎去幽会,她怕惊动了家里人,就悄悄地提着裙子,拎着鞋子,穿着丝袜踩着凉凉的台阶,一副小心翼翼的模样。终于溜出来了,终于见到了心上人,躺在情郎的怀里,还不停地诉说着刚才偷偷溜出来时的惊心动魄。

按道理,这首词不过写了青年男女自由恋爱中的约会场景,虽然当事人觉得惊心动魄,但实际上也不是什么大事儿,更不是什么新鲜事儿。为什么这首词就那么有名呢?据说,当时宫里宫外,好多人都在传唱这首词。要知道词在当时就是通俗歌曲、流行歌曲,要按现在的说法,那就是这首词一创作出来就荣登了南唐流行金曲榜的十大流行金曲之列。

这首词为什么这么流行呢?是不是就是因为这是皇帝亲自写的,大家要卖他个面子、拍他的马屁呢?

事实上,在得知宫里宫外开始传唱这首词的时候,词作者李煜就后悔了,他可不想成为别人的话柄。因为这首词里那对偷偷幽会的男女主人公,根本就是他自己和他当时的秘密情人周女英。原来,这就是这首词荣登流行金曲榜的真正理由,它描绘的正是当朝天子隐秘的私生活。

如果是这样的话,那么让我们觉得奇怪的疑问也就来了。第一,一个皇帝跟情人约会,难道还要偷偷地幽会吗?第二,一个皇帝约会如果也必须采取幽会的方式,那么这个跟他幽会的女子又会是个什么样的人呢?

我们知道,在漫长的历史长河中,作为皇帝、当朝天子与情人约会要采取偷偷的幽会方式的,比较著名的只有三位。

一个是宋徽宗赵佶,他跟李煜一样,都是艺术上的天才、政治上的低能儿。有一段时间，他跟名妓李师师约会，为了怕别人说堂堂天子跟妓女约会，所以偷偷地挖个地道通到李师师那儿，以求掩人耳目。

另一个比较有名的就是春秋战国时的齐庄公，他勾搭上大臣崔杼的老婆，就趁崔杼不在家，偷偷地到崔杼家楼下，对着崔杼老婆的窗口唱情歌，结果后来被崔杼杀了。

第三个有名的就是李煜和小周后了。我们说宋徽宗因为是和妓女私会，而齐庄公则因为是和别人的老婆私会，所以都要偷偷摸摸，但李煜是和自己后来的老婆、当时的情人小周后约会，而且是段正大光明的爱情，为什么也要采取这种偷偷摸摸的幽会方式呢？

原来，这一切都是因为小周后的姐姐——大周后。

大周后的名字叫周娥皇。她和小周后周女英都是三朝元老、大司徒周宗的女儿。

巧的是，这姐妹俩的名字一个叫娥皇，一个叫女英，用的正是古代尧舜禹时期尧的两个女儿的名字。尧的两个女儿都嫁给了舜，而舜最后死于苍梧之野，娥皇与女英在湘水边哭夫而死，最后都化为了湘水之神。

更巧的是，李煜生下来有个奇特的地方，就是左眼重瞳，就是有两个瞳仁，所以他的名字叫李煜字重光，重光就是指他的重瞳，而娥皇、女英嫁给的舜也是个重瞳子，而且是历史上最早有重瞳记载的一个人。所以民间就有种说法，是说大小周后与李煜之间的情感纠葛，是一段前生注定的姻缘。

大周后比妹妹大十岁，和李煜基本上同岁。史载李煜和大周后两个人在文学艺术上都有很高的造诣，李煜不用说了，周娥皇的音乐造诣据说在当时的南唐独步天下。她曾经在李煜父亲李璟的生日宴会上弹奏琵琶，李璟对她的技艺十分称赏，将一把珍贵的"焦桐"琵琶赠送给她。她和李煜的这段婚姻绝对是郎才女貌的"黄金搭档"。

事实上，李煜和大周后的夫妻感情也确实很深，两个人有共同语言，又能相敬如宾，所以夫妻生活很和睦。

有一次夫妻俩在一起饮酒，喝到一半的时候，大周后举杯邀李煜起舞。

在古代能让皇帝为自己跳舞的，我看遍史书，这还就是唯一的一次记载，说明这夫妻俩的感情生活还是很平等的。李煜一点儿也不生气，还很高兴，他说要我跳也行，但你要先给我而且是现给我谱一首新曲子我才跳。大周后也不推辞，顷刻而成《邀醉舞破曲》《恨来迟破曲》两首，于是这位南唐天子就为了一个女人翩翩起舞。

我们不说大周后即兴作曲的这种超凡的音乐才华，也不说李煜能马上依新曲而舞的舞蹈艺术，单只是这种夫妻生活，就够得上那句"琴瑟之合"的赞誉了吧！

对于两人这种温柔缱绻的爱情生活，李煜后来写过很多词来描绘和纪念过。但是，正是这段美好婚姻生活的记载，也让李煜背上了背叛大周后的骂名。

后来,大周后得了重病。而且祸不单行,她和李煜四岁的小儿子这时候也得急病死了。大周后知道了这个消息,十分伤心,病得更加厉害了。李煜朝夕相伴左右,所有的饮食他都要亲自照顾,汤药也一定要亲口尝过才喂给妻子。冬天的晚上,他整夜整夜地守在妻子身边,困极了也只是和衣而卧,衣不解带。但这一切都不能挽救大周后的生命。

最后,大周后把心爱的焦桐琵琶和自己臂上一直佩戴的玉环留给李煜作纪念,又亲自写了要求薄葬的遗书。乾德二年(964)十二月,大周后去世,时年二十九岁。

大周后死后,《南唐书》记载:

> 后主哀甚,自制诔刻之石,与后所爱金屑檀槽琵琶同葬。又作书,燔之与诀,自称鳏夫煜。其辞数千言,皆极酸楚。

李煜为了深刻悼念自己的亡妻,把周娥皇最喜欢的焦桐琵琶与她同葬,还写了篇感人至深的哀悼文章。在文章里,这个一国的皇帝、当朝的天子,竟然自称是"鳏夫煜",由此可见他对大周后的感情了。

有人会说,李煜表现得很深情、很出色啊,绝对是一个温情的好丈夫,怎么就背叛了大周后了呢?

原来就在大周后重病期间,发生过一件小事。

陆游的《南唐书》里记载:

> 后寝疾,小周后已入宫中,后偶褰幔见之,惊曰,汝何日来?小周后尚幼,未知嫌疑,对曰,既数日矣。后恚怒,至死面不外向。故后主过哀以掩其迹云。

也就是说大周后还在重病的时候,李煜已经把周娥皇的妹妹周女英悄悄接到宫里来了,结果大周后还不知道。

不巧有天大周后刚好看到,就问周女英什么时候来宫里的。周女英当时还小,也不太懂这里面的忌讳,就坦白地说已经来了好多天了。

大周后一听这话,心里凉了半截,大概是对李煜对自己的那份感情太失望了,所以此后至死,都一直面向着墙躺,再也不回过身来看李煜一眼。因为这件事,所以陆游猜测李煜和大周后两个人最后感情是破裂了,而李煜在大周后死后表现得那么哀伤,不过是要掩盖他和小周后的私情而已。

后人大多采用了陆游的这种说法,像宋人王铚的《默记》,清代吴任臣的《十国春秋》大都直接沿用了陆游的这种说法,而那首描绘李煜与小周后在大周后重病时幽会的《菩萨蛮》就成了李煜背叛大周后的佐证。

事实上,我是不太赞成陆游的这种"后主过哀以掩其迹"说法的。原因我想至少有三个方面。

首先一条就是，李煜在大周后重病期间以及她死后的那种深情哀悼的表现没有装的必要，而且要装也不可能装成那样。

我们知道李煜当时的身份是皇帝，在中国古代所有的皇帝中，对女人有真情的凤毛麟角，把女人当玩物的比比皆是。即使唐明皇好像对杨贵妃三千宠爱集一身，当面临政治前途的选择时，也还是毅然决然地抛弃了那个他曾经海誓山盟过的绝代佳人。

作为一个皇帝，李煜除非是真的对大周后有真情，否则他绝对没必要表现得有真情。况且他不是一个善于伪装的人。国学大师王国维先生在《人间词话》里评论李煜是一个拥有"赤子之心"的人，就是说他的性格纯真。他在大周后死后自称"鳏夫"，在大周后的葬礼上，悲痛万分，只能拄着拐杖才能行走。如果这些都是装出来的，那李煜就不会成为一个伟大的词人，而应该去做一个小品演员了。

而且，他在此后的一生里，即使与小周后结婚之后，他还不时有怀念大周后的词作出现，这些词往往都是些感人至深的创作精品，我想要是虚情假意的话，没必要装一辈子，装得这么辛苦吧！这些都说明了李煜对大周后的感情是真实的，是深厚的，是完全不必要用什么悲哀的样子才能渲染的。所以也就不存在用哀伤"以掩其迹"的说法。

第二个理由，正是这首《菩萨蛮》，也表现了李煜对大周后的在乎。

我们前面讲过，如果这时候李煜已经完全移情别恋了，他作为一个皇帝完全没必要偷偷摸摸啊。你看词里表现出的完全是一幅偷偷约会的场景，就是怕有人知道。怕谁知道呢？我想，在李煜，当然是怕大周后知道。李煜为什么怕大周后知道呢？当然是怕伤害了她，引起她的误会，伤害了夫妻间的感情。这反过来说明李煜对大周后还是非常在乎的。

当然，我们不排除这时候因为大周后长期重病在床，李煜已经喜欢上了来宫里探望姐姐的周女英。这里要顺便强调一下，据有些野史的说法，周女英是来宫里探望生病的姐姐，并不是李煜刻意把她接来的。但为什么来了一段时间之后，只与姐夫见了面，却没与姐姐见面，史料里也都没有交代，可能是怕她见了姐姐重病的样子伤心，也可能有别的原因，我们不得而知。但周女英与李煜在这段时间产生了感情，那倒确实是史有其实的事。

但我们退一步说，这也很正常。李煜作为一个男人，我们就不提他作为一个皇帝了，在古代的那个男权社会里，就算是在现在，也不能因为他对大周后曾经有过的感情，就要求他要从一而终吧！我们的文化总是赞美、推崇那种绝对的、唯一的爱情，好像一次生命只能为一段爱情而来，那样才值得被称颂。事实上，这对于生命本身是并不公平的。

为什么一段生命只能有一段真挚的爱情？枯木尚能逢春，老树还发新芽，我们为什么要对自己的生命那么苛刻呢？只要在前后每一段婚姻与爱情里都是真情、真心地投入，那就是值得称颂的人间真爱。虽然李煜在大周后尚未离去之前就与小周后发生了私情，这未免稍嫌早了点儿，但结合他特殊的身份、特殊的生活环境来看，这并不能就说成是他对大周后的背叛。

那么有人或许会问了，要说不是背叛，为什么大周后会至死都面向墙躺，不再见李煜一面了呢？

这就要说到第三个理由了。

陆游在《南唐书》中写这一段大周后惊问小周后的故事时，在前面加了两个字："或谓"。翻译成现代汉语就是"我听有的人说"，或者是"有一种传说是说"。也就是陆游对于这个故事的内容也不确定。此前并没有哪一部史书明确记载过这个故事，此后人们也大多据陆游的说法而来，但陆游本人对这件事都不能完全确定，又怎能把它作为李煜在大周后死后"哀而以掩其迹"的理由呢？所以大周后这种听说妹妹进宫了数日就至死把脸对着墙而不再看李煜一面的说法，我估计有很大的可能有民间演绎的成分。

另外，按史书中对大周后"通书史"的描写以及她和李煜婚后生活的表现，还有她临死前将心爱的琵琶与臂上的玉环赠予李煜的表现来看，她不应该会做出这种"至死面不外向"的绝情之事。也就是说，陆游和陆游之后的文人以这种很虚妄的事，来判定李煜在感情上完全背叛了大周后，我觉得是不能成立的。

李煜在大周后死后，并没有马上娶周女英为妻。在为大周后守丧期间，小周后也只是"少以戚里间入宫掖"，就是偶尔以亲戚的身份来到宫中与李煜相会。直到两年之后，李煜才正式娶周女英为妻，周女英也才正式被称为小周后。

李煜对小周后的感情很深，《南唐书》记载"后主甚爱之，被宠过于昭惠"，就是说李煜爱她更甚于当时爱她的姐姐。只是小周后反倒不如她姐姐的命好。南唐不久就亡国了。小周后随着李煜一起被押送到大宋都城汴梁。接着，最悲惨的苦难岁月便到来了。

宋人王铚在《默记》一书中引龙衮《江南录》记载：

> 小周后随后主归朝，封郑国夫人，例随命妇入宫。每一入辄数日而出，必大泣骂后主，声闻于外，后主多宛转避之。

就是说，大宋的流氓皇帝宋太宗赵光义垂涎小周后的美色，经常把小周后宣进宫里，一去就是十天半个月不让回来。每次小周后从那个流氓皇帝的身边回来，都要悲愤地大骂李煜。为什么要大骂李煜呢？就是骂他是一个没用的男人，连自己的女人也保护不了，让自己背负屈辱，被人欺负。这时候可怜的李煜只好以泪相对，默不作声，甚至有时要躲开小周后。

但这并不能就说小周后对李煜就没有感情了。我们说这种骂不过是悲愤之语，口里是一回事，心里实在又是另外一回事。《十国春秋》里记载："小周后以后主暴殒，悲不自胜，亦薨。"就是说在李煜死后,小周后也随之殉情而死了。所以她对李煜就像李煜对她,彼此虽在困境中,但却终究还是相互扶持,相互深爱着对方的。

那么,李煜是怎么死的呢?

清代诗人赵翼有句诗说"国家不幸诗家幸,赋到沧桑句便工"。李煜正是在国家不幸与人生的巨大不幸里,激发并创作出了大量感人至深的悲情巨作。其中就有那首导致他死亡的名作《虞美人》。

词云:

春花秋月何时了,往事知多少。小楼昨夜又东风,故国不堪回首月明中。 雕栏玉砌应犹在,只是朱颜改。问君能有几多愁,恰似一江春水向东流。

古诗词是要依平仄而吟唱的,所以像这首悲情巨作,我觉得现在用吟诵的方法来解读,也同样能体会到其中那份旷古的悲凉。宋太宗赵光义听到了这首词,也被这其中的悲痛所震撼。但他震撼了之后,不是同情李煜,而是怕李煜有二心,所以就派人赐李煜牵机药,把李煜给毒死了。

李煜死的那晚,正是他四十一年前来这个世界上的那个日子,也正是中国人对男女情感寄托着美好愿望的那个日子。这个多情种子李煜,他的生日和他的忌日,竟然都在七月七日的"七夕"

之夜!这平添了后人的无限感慨。

  我们不禁感叹,或许正是造化弄人,是命运的劫难,才让他的人生、他的情感表现得那么丰富而动人!

回首向来萧瑟处,几番风雨几多情

——苏轼与他的人间四月天

我们一般称北宋大文豪苏轼为苏东坡,因为他的号叫东坡居士。可是苏轼这么大的才学,为什么会给自己起个"东坡"这样通俗的名号呢?若有人叫张西坡、刘北坡,你会觉得这名字俗不可耐。

原来,苏轼被贬黄州(今湖北黄冈)的时候,喜欢上了干农活。他在他家东面山坡上开垦了一片荒地,又因为白居易的一句"何处殷勤重回首,东坡桃李种新成"的诗,苏轼就号东坡了。

那么苏轼干过最多的农活是什么呢?

是种树!他曾经连续在一面山坡上种了三万棵雪松!

苏东坡为什么要种那么多树呢?原因你恐怕很难想到,他竟然是为了一个女人种了这么一大片的雪松!

提到这个女子,就不得不提到大家都很熟悉的那首千古悼亡之作《江城子》。这是很多人都很喜欢的一首词。

金庸先生的《神雕侠侣》里说,杨过一生潜心武学,对文学全然不通,之所以认得两个字,还是小时候在桃花岛上黄蓉教他读《诗经》《论语》时认得的。杨过在后来浪迹天涯的过程中,在一家路边小酒店的墙壁上偶然读到这首词,"一读之下便也牢牢记住"。

这说明了什么?

这说明这首词一则特别容易懂,二则特别感人,所以它才成了杨过这个半文盲也能牢记的文学作品,才被后人评为"千古悼亡之首"。

我们来看一下,这篇号称"千古悼亡之首"的《江城子》到底好在哪里。

词云:

> 十年生死两茫茫,不思量,自难忘。千里孤坟,无处话凄凉。纵使相逢应不识,尘满面,鬓如霜。　夜来幽梦忽还乡,小轩窗,正梳妆。相顾无言,惟有泪千行。料得年年肠断处,明月夜,短松冈。

此词作于宋神宗熙宁八年,也就是公元 1075 年,当时苏轼被贬在山东密州任知州。苏轼写这首词的时候,用的标题只有两个字,叫"记梦",也就是说,他这首词写的是一个梦。那么他做了一个什么样的梦呢?

词里说梦到一个女子,在窗边梳妆,苏轼自己与她默然相对,泪流满面,这其中既有相逢的浪漫,又有无奈于命运的悲伤,所以梦醒后,苏轼才说这样的情景足以让他"年年断肠"。

那么这个让苏轼断肠的女子到底是谁呢?

答案很多人都知道,她就是苏轼的第一任妻子——王弗。正是在词中所说的"千里孤坟",也就是在王弗坟墓所在的山坡旁,苏轼亲手种下了三万棵雪松,以此来纪念自己的亡妻,可见苏轼与王弗的感情之深。

如苏轼在题记中所说,"乙卯正月二十日夜记梦",这首《江城子》的上阕写实,下阕写梦,正是在词中怀念十年前已离他而去的妻子王弗。

他说,我和你一生一死,隔绝十年,音讯渺茫。不想陷入思念的悲伤,却又不由自主地难以忘怀。你的孤坟远在千里之外,我没有地方和你诉说心中的悲苦和凄凉。假使我们今夜相逢,你也应该不会认出我,因为我四处奔波,早已灰尘满面,鬓发如霜。晚上,忽然在隐约的梦境中,回到了故乡。只见你正在小窗前对镜梳妆。我们互相望着,千言万语,却不知如何说起,只有相对无言,泪落千行。料想,那明月照着、长着小松树的坟山啊,就是我们相互思念,年年痛欲断肠的地方。

但是,我们读了这首《江城子》,就会发现其中还有一个小小的谜团。那就是苏轼既然渴望与亡妻相会,怎么又会说"纵使相逢应不识"呢?

"纵使相逢应不识"应该是一句很白话的话,就是说恐怕我们见了面你也认不得我了。既然是这样,为什么后来又说"相顾无言,惟有泪千行"呢?难道是因为王弗认不出站在对面的苏轼,才让东坡先生伤心到"泪千行"的地步吗?这样的话,未免太过荒唐可笑。

所以真正的解答应该在于,词的标题虽然是"记梦",但词中真正记梦的应该只是下阕,上阕说的并不是梦,而是苏轼这十年以来的心态。

那么这是一种什么样的心态呢?

在"纵使相逢应不识"的前面,苏轼说"不思量,自难忘"。也就是说不去想却已刻刻难忘,这说明这种意识已经成了一种刻骨铭心的存在,用心理学词汇准确地说也就是成了一种自觉的潜意识。随后的"纵使相逢应不识"的感觉其实也应该是这样的。那么苏东坡为什么会产生这种不被王弗认识的直觉呢?

其实,苏轼自己在词中也给出了一个答案,那就是"尘满面,鬓如霜"。

一般的解读只停留在字面意义上,认为是尘土满面、星鬓如霜让苏轼自觉难以面对自己的妻子。也就是苏轼觉得,即使这时妻子王弗真的再看到自己,也会认不出年华老去的自己了。但苏轼为什么会这么想呢?这是不是只是一般人的年华老去之感呢?

我们知道,王弗十六岁嫁给苏轼,死的时候刚好二十六岁。她与苏轼结婚的这十年,正是苏东坡一生中最锐意进取,也最春风得意的十年。

这十年里,苏轼与苏辙兄弟俩高中进士,名满天下,被授官职,层层提拔,可谓是"春风得意马蹄疾"。可自从王弗死去到苏轼写下《江城子》的这十年呢，苏轼卷入由王安石变法引发的新旧党争。他由于反对新政，被王安石这一派排挤。这段时间，在政治上他经受的最多的事儿就是贬官，一贬再贬，那真的是叫"宦海沉浮"了。

此后数十年，苏轼也一直没能摆脱这种仕途上的险恶命运。

就在他写完这首《江城子》后第四年，爆发了宋代历史上著名的"乌台诗案"，苏轼锒铛入狱，差点儿性命不保。这时候的苏轼，历尽宦海沉浮，对年轻时的政治理想即使不是心灰意冷，也在个人情绪上产生了重大的改变。

我认为，正是这种改变，奠定了苏轼在中国文化史上而不是政治史上的巨人地位。

所以这个地方的"尘满面，鬓如霜"要和前面的两个字合起来读，那就是那个"十年生死两茫茫"的"茫茫"。其实不只是生死间的茫茫隔世，也是人生旅程的"路漫漫，夜茫茫"。正是这种对人生政治理想的"茫茫"之感，让苏东坡将心血与精力放到人文生活的层面上来，放到烧菜与饮酒上来，放到养生上来，放到诗词歌赋上来，放到男女情感上来。以苏东坡的才学与天赋，当他把全副精力都放到文学艺术上来的时候，那么宋代就幸运地诞生了一个前无古人、后无来者的文化巨匠。

理解了这种情绪，我们就会理解苏轼为什么会在这段时期特别思念前妻王弗。

元稹之妻韦丛离开元稹的时候刚刚二十七岁，苏轼妻子王弗病逝的时候也仅仅二十七岁,这可以说是女子最美好的年龄。大概也正因如此,才让她们的夫君痛彻心扉。元稹后来写下了感人肺腑的《离思》《遣悲怀》,苏轼则写下了这首被称作"千古悼亡之首"的《江城子》。

要知道,苏东坡写《江城子》的时候,现任妻子是王闰之,就是王弗的堂妹,一个极贤淑的女子,是当时有名的贤妻良母。她病逝的时候,苏东坡自称是"泪尽目干",也就是眼睛差点儿要哭瞎。两个人的感情一直是相当深的,也就是说不可能是因为现在的夫妻不和,苏东坡才分外思念前妻的。

还要知道,苏东坡写《江城子》的时候,他后来的侍妾,也可以说是他一生最钟爱的女子王朝云已经来到他的身边。朝云十二岁被苏东坡发现、赏识并收为侍女,后来苏夫人王闰之劝东坡把她纳为妾,朝云成了最终与苏东坡一生能共患难、知深情的女子,也就是说此时的苏东坡也并不是缺乏情感的慰藉。那么,他为什么在贬谪密州期间特别地思念王弗呢?

这就要说到他和王弗这段婚姻的特色所在了。

王弗的父亲是四川的一个乡贡士,在古代也算是个知识分子家庭了。王弗自幼知书达礼,我们不知道王弗的才学到底怎么样,但苏轼自己就在文章里记载过,说有一次自己夜里读书的时候,被旁边"红袖添香伴读书"的王弗指出了一个错误,这让一肚子学问的苏东坡大为佩服。我想,要指出苏东坡读书中的错误,一般的知识积累肯定是不够的,所以王弗的才学肯定不一般。

王弗不仅天天陪着丈夫读书学习，做一对爱学习、有文化的模范夫妻，而且她对丈夫的仕途也很操心。史书记载，苏轼做官之后，家中凡有苏轼的同僚、下属来拜访，苏轼在前厅接待、攀谈，王弗就在帘子后面悄悄地听。客人走了之后，王弗就凭自己女性特有的直觉，为丈夫分析谈话的内容与谈话的人，据说苏轼往往大受裨益。

比如说章惇未发迹的时候来拜访苏轼，走了之后，王弗就对丈夫说，这个章惇一定是个大奸大恶之人，不可不防。结果苏轼不以为然。这个章惇仕途得意之后，果然是个极阴险的小人，苏轼、王安石都栽在他的手里。苏轼后来之所以被流放到惠州，被流放到遥远的海南岛，都是因为这个章惇。以至于苏轼这么豁达的性格都咬牙切齿地说，就是做鬼也不愿再碰到章惇这个小人，并感慨说还是王弗看人看得准。

这就可以看出王弗的贤妻特色了。

苏轼在《亡妻王氏墓志铭》中就明确地称王弗是个贤内助。苏轼他爹也很喜欢这个儿媳，王弗死的时候，苏洵提出来，要苏轼把王弗送回四川故乡，与苏轼的母亲程氏安葬在一起。可见这个儿媳在苏洵的眼中是多么称职了。

但是我想，苏东坡作为一个男人，会喜欢一个在帘子后面偷听自己跟同事谈话的老婆吗？

我想，碰上这样的情况，中国的大多数男人是不情愿的，这要让同事和朋友们知道，一定得笑这男人是"妻管严"！但放在苏轼身上则不然。

首先，王弗只是帮着苏轼出主意，并不是什么事儿都管着他。苏轼是个天性豁达、不拘小节的人，心机不深，所以他在仕途上才屡屡受挫。这样一个关心其仕途命运的老婆，从某种意义上说，她的出谋划策，倒是那些希望能在政治上有番作为的男人的好依靠。

这一点很容易理解，男人们说起来是"妻子岂应关大计"，可在中国历史里，"妻子关大计"的情况又何尝少呢？秦桧风波亭害死岳飞，不就是和他老婆王氏在东窗下商量出来的吗？所以有个成语叫"东窗事发"，指的就是他们夫妻合谋的罪行败露。要不然，杭州岳王庙里跪在岳飞面前的就不会是秦桧夫妻俩了。

另外，这样一个在仕途上全力支持苏轼的知识女性也更容易让苏轼所接受。这就要说到苏轼的成长背景了，苏轼最尊敬的母亲程氏恰好也是这样一个知识女性。

《宋史·苏轼传》记载：

> 生十年，父洵游学四方，母程氏亲授以书，闻古今成败，轼能语其要。程氏读东汉范滂传，慨然太息，轼请曰："轼若为滂，母许之否乎？"程氏曰："汝能为滂，吾顾不能为滂母邪？"

这段记载是说，苏轼十岁的时候，父亲苏洵那两年不在家，苏轼的母亲程氏亲自教苏轼、苏辙兄弟俩读书。有一天，读到《后汉书》中的《范滂传》，因为范滂是古代忠直的知识分子的典型，他被奸党抓走时，他的母亲大义凛然为他送行。

苏轼读到这儿就问程氏："如果儿子我以后以范滂为人生的榜样，母亲会同意吗？"

你看，苏轼十岁的时候就有舍生赴义的理想，这对于一个十岁的孩子来说绝对是不容易的。但更绝的是，程氏听了这话放下书，毅然决然地回答："如果你能成为范滂那样的人，我就不能成为范滂母亲那样的人吗？"

这件事对年幼的苏轼影响很大，这也可以看出程氏在人生志趣与人生理想上对苏轼的影响。

从某种角度来说，程氏的这种人格魅力与知性气质毫无疑问会给苏轼留下极为深刻的印象。对于接近于程氏这种性格与气质的女性，那毫无疑问也是苏轼最理想的伴侣。王弗正是这样一个理想人选。

所以苏轼才会由衷地说王弗是个贤内助。从儒家的角度上看，苏轼与王弗的婚姻就是儒家知识分子最理想的"齐家、治国、平天下"的"齐家"模式。从这个意义上讲，在仕途上历尽"路漫漫、夜茫茫"的苏轼，在政治信仰与文化信仰面临拐点时最为痛切地思念起王弗也就是情理之中的事了。

那么，既然苏轼与王弗的婚姻如此理想，我们为什么又会说王朝云才是他一生最钟爱的女子呢？

请注意，我们用的是"钟爱"这个词。我认为苏轼对王弗的感情更多的则是"敬爱"。

在王弗这个贤内助死后，王弗的堂妹王闰之嫁给了这个她早已暗恋了多年的堂姐夫。

王闰之是个绝对的贤妻良母，虽然她在才学上不如她的堂姐，在艺术才情上也不如后来的王朝云，但她却是苏轼生命中最为嘘寒问暖的人。她无微不至地关怀苏东坡，关怀三个她亲生和不是她亲生的孩子，这一切都让苏轼很感动。元稹怀念妻子韦丛的时候说"贫贱夫妻百事哀"，王闰之的一生大多数时间都在随苏轼贬官流放，所以她和苏轼应该是一对最纯真质朴的"贫贱夫妻"。

但严格地说，虽然苏轼与王闰之感情很深，王闰之却不是一个完全了解苏轼的人，她是他的贤妻，却并不是他的知音。一个最典型的例子就是乌台诗案的时候，苏轼被抓进狱中，王闰之被迫把家中苏轼的诗稿付之一炬，不能不说是一件特别遗憾的事儿。

因此，当真正的知音来到身边时，苏轼就表现得特别钟爱，特别珍惜，这个知音就是苏轼最后深爱的女子——朝云。

首先要问一个问题，朝云来到苏轼身边的时候才十二岁，而此时苏轼已经三十七岁了，两个人之间会产生所谓的爱情吗？

我们当然不否认人与人之间有"忘年交"，同样男女之间也可以有"忘年恋"。但王朝云这时候的年龄毕竟太小了，就算古人结婚时间早，恋爱的岁数也比较小，但再小也不应该小到十二岁这个年龄。所以苏轼一开始将王朝云带回家中，无疑是看中了她的艺术气质与艺术才华，应该不存在男女之间的那种情愫。所以，可以这么说，苏轼与朝云开始在一起的那些日子纯粹是一种自然而然的"生活态"，是不带有半分"功利性"的。

从某种意义上说，苏轼将身为歌女的朝云带回家中，教她读书写字，教她音乐舞蹈，教她诗词歌赋，他们之间是以师生的身份开始这段旷世情缘的。也正因为这样，这段情产生之后就显得特别浓郁，苏轼对朝云的怜爱与朝云对苏轼的崇拜加重了这份浓郁。这份情发展到极致，就是当事人产生了强烈的"知音""知己"之感。

据宋代费衮的《梁溪漫志》记载，天性豁达的苏轼虽然在朝廷里受了一肚子的气，但他却喜欢以有趣的方式来宣泄。

一天下班后，他回到家拍着自己的肚皮问家中的侍女，你们猜这里面是什么？

一个丫环想也不想就说当然是中午刚吃的饭呗，苏轼摇摇头。另一个聪明的丫环说，一定是满腹文章，苏轼又笑着摇摇头。又有一个丫环说，这还不简单，苏大学士满腹都是聪明才智，难道还能是一肚子草包？苏轼听了哈哈大笑，却依然摇摇头。所有的人都呆了，大家面面相觑，苏轼看向一直没有说话的朝云。朝云笑了一下，却叹口气道："这里头啊，是一肚皮的不合时宜！"

苏轼听了放声大笑，捧着肚子，只顾点头。后来，苏轼在朝云墓址所在的惠州西湖，为纪念朝云建了一个六如亭。

亭子上，他亲笔写的一副对联就是：

不合时宜，惟有朝云能识我；
独弹古调，每逢暮雨倍思卿。

这里说的"惟有朝云能识我"就是将朝云引为平生唯一的知音了。也就是说在苏轼看来，连那个与他"但愿人长久，千里共婵娟"的感情深厚的弟弟苏辙，在"懂你""懂我"这一点上，也是不如王朝云的了。

我们说朝云是苏轼的知音，那反过来，苏轼对王朝云又是怎样的呢？

苏轼被贬官到岭南，那时的岭南不像现在的特区，经济发达，灯红酒绿，那时的岭南是有名的瘴疠之地，在古代是环境最恶劣的流放之地，派到那儿的官就等于是发配充军，别想活着回来了。

这种情况下，就连天性乐观的苏东坡也不能满怀生还中原的信心，所以他在临去之前遣散家人，尤其是把家中侍女姬妾都另作安顿。朝云这时候已经是苏轼的妾了，别人都散去，可她却执意要跟着苏东坡去"天涯海角"，死也不肯离去。

到了今天的广东惠州一带，苏轼一家终于安顿下来。有一天，朝云又唱起了她特别喜欢唱的苏轼的那首《蝶恋花》。

词云：

花褪残红青杏小，燕子飞时，绿水人家绕。枝上柳绵吹又少，天涯何处无芳草。　　墙里秋千墙外道，墙外行人，墙里佳人笑。笑渐不闻声渐悄，多情却被无情恼。

据史料记载，朝云唱到一半的时候，"歌喉将啭，泪满衣襟"，苏轼就问她怎么了，朝云回答说："奴所不能歌者，是'枝上柳绵吹又少，天涯何处无芳草'也。"

原来，正是词中"天涯何处无芳草"这一句让朝云悲从中来，泪满衣襟。据说，朝云不久之后就病死了，而苏东坡终其一生，再也不听这首词了。

那么，朝云为什么唱到这一句，就唱不下去，苏轼又为什么将其视为人间绝唱，从此再不听这首词了呢？

我们大多数人读这首词的时候，一般读出来的都是一种豁达甚至是有些欢快的情调。你看，墙里的秋千上有佳人的笑声，墙外的有心人虽然空留遗憾，但终究有着"天涯何处无芳草"的洒脱。尤其是"天涯何处无芳草"这句，那种洒脱的境界被大多数人所接受认可，已经成为我们生活中一句常用的俗语了。

这么洒脱的一句话，怎么会让朝云泪满衣襟，甚至难以为继呢？

这就要说到"天涯何处无芳草"这句词里所用的典故了。

这句话是从屈原《离骚》中的一句化来的，原句是"何所独无芳草兮，尔何怀乎故宇"。

屈原是在宽慰自己说，天下到处都有香草，你又何必只怀念着故国。香草、美人在屈原的《离骚》中只是一种比喻，一种象征，就是说人生的理想既然在自己的国家不能实现，你可离开故国呀！但屈原这样说，是为了反衬自己离不开自己的祖国，离不开自己的理想与事业。既离不开又这样说，才分外能表达出这其中的痛苦。

苏轼这句话既然是借用屈原的诗意而来，其中的情绪就可想而知了，那并不是我们一般感觉到的旷达与洒脱，而应该蕴含着一种深切的悲痛。这层意思，没有人读得出来，可朝云读出来了。只有朝云能体会到，在严酷的现实面前，苏东坡只是一个墙外失意的匆匆过客罢了，所以她为之泪下。

苏东坡当时的反应是笑着宽慰朝云说："是吾正悲秋，而汝又伤春矣！"内在的含义是说，朝云啊，没必要这么伤感，我能在这天涯海角听你唱《蝶恋花》就是人生的幸福了，其他的苦痛又算得了什么呢？

可朝云死后，爱好诗词的苏大学士"终身不复听此词"，可见苏轼当时面对朝云的落泪好像表现得很豁达，实际上他是被朝云的知己之情、知音之情所深深感动，这种感动在当时表现为克制与洒脱，在过后却成为苏轼心中一处永远温暖却又伤痛的存在。

换句通俗的话说，那就是朝云是唯一理解苏轼的人，而苏轼对朝云对他的理解又产生了巨大的理解与共鸣，也就是他们是真正做到了心有灵犀的互通。

在朝云的眼中，在苏轼的世界里，举世皆浊，只有他们二人才是彼此生命中最为清澈的存在。

这就可以理解为什么说朝云才是苏东坡一生的最爱了。当生死茫茫、尘世茫茫皆成过眼烟云之后，对于苏轼这样一个文化巨匠、艺术魂灵来说，只有最真、最纯、最清澈的情感，才是他最后的梦想。

苏轼一生都很崇拜唐代大诗人白居易，他早年曾羡慕地作诗说"我甚似乐天，但无素与蛮"。就是说我的才情也不比白居易差，只可惜我不像他那样拥有樊素和小蛮两位名姬，不像他那样坐拥"樱桃樊素口，杨柳小蛮腰"。

可晚年的苏东坡又作诗说"不似杨枝别乐天，恰如通德伴伶玄"。是说我所钟爱的女子不像樊素和小蛮一样最终离开了白乐天，她会跟着我海角天涯，忠贞不渝，这却是白乐天比不上我的地方。

苏轼这首沾沾自喜之作的诗名就叫《朝云》。

从爱情的角度看，白居易比起苏东坡来说确实差远了。其实不止白居易，中国古往今来的大多数男人比起苏东坡来都差远了。

苏东坡一生既拥有过王弗这样事业上的贤内助，又拥有过王闰之这样家庭生活中的贤妻良母，还拥有过王朝云这样才艺双绝的情感知音。也就是说，苏轼苏东坡，这个男人，他几乎拥有过中国男人在爱情与婚姻上所能梦想到的所有的理想爱人。这样的一生，哪还会有一点一丝的遗憾呢？

　　这让我不禁想起林徽因的那首《你是人间的四月天》："你是爱，是暖，是希望，你是人间的四月天！"

　　对于苏轼的一生来讲，或者可以说，王弗是希望，王闰之是暖，王朝云是爱！东坡居士永远生活在他的"人间四月天"里！

一路青山携绿水,琴瑟款款两温柔

——李清照与赵明诚的故事

李清照在中国文学史上被称为"一代词宗",这主要指她是婉约词的词宗。我们很难想象一个最善于写婉约词的女词人,居然那么喜欢喝酒。

我粗略统计了一下,在李清照所有的传世作品中,提到过喝酒的占了百分之七十左右。

有人会说,诗人酒助诗兴,喝点酒也是正常的。但李清照喝酒可不是附庸风雅的浅尝辄止,她可真的是喜欢喝,不论是白天还是晚上。要知道,我们中国人,尤其是古代,可不像西方人一样喜欢有事没事儿拿杯葡萄酒当饮料喝。所以喝酒在李清照,那绝对不是端个酒杯装装样子的。

有的人一听,又会说了,这也正常啊。因为大多数女性对酒精反应虽然是非常过敏的,但有些女人对酒精就没什么反应,所以我们日常生活里也有个经验,就是女性一般不太会喝酒,但要是会喝的,往往酒量就特别大,李清照八成就属于这一类。

可这种猜测也是错误的,因为李清照虽然喜欢喝,但她并不是对酒精麻木的那一类人,她经常喝醉,而且很容易喝醉。所以在她的词里会经常提到"醉"这个字。

她喜欢喝酒，还经常喝醉，这从她的少女时代开始，一直到她的老年，一贯如此。李清照为什么这么喜欢喝酒呢？是患了嗜酒症吗？还是她性格内向，精神压力大，喜欢借酒销愁？要不一个女子，怎么能这么个喝法呢？

李清照为什么这么喜欢喝酒？我想，只有透过她自己的词，我们才能解答清楚。

我们选取她人生不同阶段的四首词，来看看这个才华横溢的李清照和酒之间到底是个怎样的关系。事实上，我个人认为，搞清楚她与酒之间的关系，实在是有利于我们更好地搞清楚她与前后两任丈夫之间的关系。

这四首词都是她的名作。两首《如梦令》是写她少女时代的生活，《醉花阴》是写她的婚后生活，著名的《声声慢》则是写她亡夫之后的晚年生活。

关于第一首《如梦令》，"沉醉不知归路"正是这首词内在的精髓。一般人解读这首词，都赞它白描手法的高妙，以及最后对"争渡"瞬间的精彩刻画。我觉得不然，这些只是小小的艺术技巧，只是小道。我觉得这首词真正的奥妙应该在于，这些美妙的瞬间是怎样发生的，是在怎样的背景下发生的。

事实上，几乎所有的瞬间都是美妙的，李清照这样的才女能描摹出"争渡"这个瞬间并不是什么难事。

真正让人奇怪的是，这一切竟是在酒醉后发生的，而且作者记载的还不是一个人醉酒，而是一群人的"酒后驾船"行为。你看"争渡"，也就是不只一艘船，就算是一艘船上有两三个人（因为她们前面在边划船边喝酒，一艘船上一个人那喝个什么劲啊？），那么两三艘船至少也有六七个人。既然说"沉醉不知归路"，也就是说她们都有些醉了。但凡有一两个清醒的，也不会"误入藕花深处"啊！

要知道，这可是一帮十四五岁的少女。女孩子结伴出来游玩是正常的，尤其是唱着《采莲曲》泛舟在荷塘里，那是非常经典的"江南可采莲"的景象。《神雕侠侣》的开篇就写少年时期的程瑛与陆无双在荷塘里划船，她们也边唱边笑，边剥着莲蓬、吃着莲子，就跟李清照她们一样，唯一的区别就是她们没喝酒。事实上，这也是李清照的《如梦令》让这个经典的荷塘场景变得不寻常的关键。这说明了什么？

这说明，李清照这个大家闺秀，她的成长历程从小就是无拘无束的，非常健康、自由，甚至是自主的。你看都"溪亭日暮"了，还在疯玩，还不回家，而且还是一群女伴儿喝了酒在外玩。事实上，《如梦令》描写的情景在李清照的少年时代应该是一种常态，这正说明她父亲李格非的家庭教育是非常宽松、非常人性的。要不李格非也就不会是著名的"苏门六学士"之一了。这种性情，这种人性化的家庭教育，正和他的老师苏东坡有几分相似。

有人会说，那不一定啊，说不定是李清照偷着在外面喝酒，家里大人们并不知情啊！事实上，李清照不仅在外面玩的时候喝，在家里也经常喝。

第二首《如梦令》说"昨夜雨疏风骤,浓睡不消残酒",就是说前一晚上喝得实在太多了,睡了一夜这酒劲儿还没过去呢!所以这时候日上三竿,丫环来卷帘了,李清照才突然会问,后花园的海棠花怎么样了?丫环说没什么变化,李清照说不对,有变化,应是"绿肥红瘦"。也就是下了一夜的雨,绿叶固然肥美了,但花瓣也一定被"雨打风吹去"了。

这种问答的过程中,我们明显可以看出已经睡了一夜、睡到日上三竿的李清照这时候还是带着几分酒意的。也就是说她昨晚上实在是喝得太多了。

在家里也喝这么多,为什么呢?其实与她早上和丫头对答的初衷一样,一定是在昨夜的风雨中慨叹着青春年华的易逝,慨叹着时光荏苒的蹉跎,才使她"酒不醉人人自醉"的。这说明,第一,她在家中也是常喝酒的;第二,她的喝酒是她情感发泄的一个重要途径。

从这两首《如梦令》我们不难看出李清照成长的少女时代的健康与活泼,是酒体现了她独立自主的个性,体现了她丰富而敏锐的情感特性。

婚后的李清照还是一如既往地爱喝酒,幸好,她找了一个和她情投意合、和她一样爱喝酒的丈夫。

有一段时间,李清照作为元祐党人的后代被朝廷明令不准住在京城,她只得孤身回到老家山东明水。夫妻分居两地,她分外思念自己的丈夫，就写了一首《醉花阴》寄给赵明诚。赵明诚一读之下，感觉写得真是太好了，就起了好胜之心，"闭门填词"，一口气写了五十首，然后把李清照的这首《醉花阴》夹杂在其中，拿给朋友陆德夫请他品鉴。

陆德夫跟赵明诚夫妇都是好朋友，细细品鉴之后，向赵明诚表示祝贺，说这一回你终于可以超过你们家那位大才女了。其中最好的三句就是"莫道不销魂，帘卷西风，人比黄花瘦"。赵明诚听了这话，彻底佩服了李清照的才学，也为拥有这样有才气的老婆而庆幸。你看，做一个甘拜下风的丈夫，这也可以看出赵明诚这个男人的可爱之处的。

后来，"莫道不销魂，帘卷西风，人比黄花瘦"这三句就成了后人传颂的经典中的经典。但我以为，这三句话固然经典，但若没有前两句的铺垫，境界也不会如此绝妙。为什么"人比黄花瘦"呢？是因为"销魂"；那为什么会"销魂"呢？是因为"东篱把酒黄昏后"——又喝酒了！

这首词上片是写快到重阳的这一天，因为思念丈夫，李清照整夜难眠，而在重阳这一天，闷坐屋中的李清照终于到院子里来了，要按重阳的风俗把酒赏菊。可一直百无聊赖地坐到黄昏，那些淡淡的花香渗满了衣袖，酒意渐浓风渐起，思念便如一种病，足以让人销魂了。也就是说思念并不一定让人销魂，而当"思念是一种病"的时候，那就足以销魂了。而让思念成为一种病的过程，正是"东篱把酒黄昏后"的过程。

是酒，让李清照情志渐笃，用情弥深！

当国破家亡之后，当深爱她的丈夫赵明诚病逝，欺骗过她的那个张汝舟也终于离开她之后，李清照陷入了孤独、清冷的氛围之中，这时候的她就更离不开酒了。不过在李清照，这时的饮酒倒未必是种借酒浇愁，这时的她饮酒倒不太多了，尤其是不太醉酒了。就像那首《声声慢》里说的那样，她饮的是"三杯两盏淡酒"，虽不敌"晓来风急"，但却是"乍暖还寒时节""最难将息"之际的唯一的精神伴侣。

这里要注意一点，一般人认为应该是"晚来风急"，你看后面写了"到黄昏、点点滴滴"！但也有不少人认为应该是"晓来风急"，因为这样更能表现出李清照一夜辗转反侧、无法入眠的情态。还有，只有是从早上开始喝酒的，看到天空中飞过旧时相识的大雁，才显得比较合理。至于后面为什么又写"到黄昏、点点滴滴"，这里面酒的作用就比较关键了。

我们一般认为这是一首极度哀婉断肠的婉约词，尤其是最后一句"怎一个愁字了得"，这让后世很多人评价这是宋词中最能打动人心的一首词。但正是因为其中的"三杯两盏淡酒"，让我读出了这首词中哀婉、凄切之外的味道。

我们可以试想一下，一个年华逝去的女子独自坐在窗前，饮着"三杯两盏淡酒"，从早晨一直到黄昏，枯坐终日，独自得黑。这是一般女子能做到的吗？不论她多么伤心，多么哀婉，多么忧愁！换了是薛宝钗，肯定是伤心一会儿，就坚定地抹去眼泪，展开笑颜面对明天的生活。换了是林黛玉，坐这一天下来，估计就要一命呜呼了，她只适合在哭哭啼啼中断断续续，怎么可能这么坚定地与一杯酒、与从早晨到黄昏的漫长时光坐在一起呢？能这么坐一天下来的女子，应该具有怎样的性格啊！

只有李清照，虽然她毫不掩饰地说"怎一个愁字了得"，可她在"乍暖还寒"的这一天里，与"三杯两盏淡酒"一起，寻觅过去的美好时光，感受冷冷清清的院落，甚至直面"凄凄惨惨戚戚"的情绪，虽然她说"守着窗儿，独自怎生得黑"，但她还是就这样"守着窗儿，独自得黑"了下去。我以为，见证了这个漫长过程的"三杯两盏淡酒"，就特别能体现李清照作为一个女人，一个曾经爱过、恨过、创作过、生活过的女子的人性之美。她的生命历程就如一杯陈酿，在人生的终点处尽显其醇厚之美！

那么从酒里，我们就可以看出这样一个李清照：她有着高尚而健康的生活情趣；她有着丰富而独立的人格魅力；她有着敏锐的艺术感受，有着惊撼世人的才情；她有着举世皆浊我独清的品性，也有着洞穿世情、成就练达文章的思想力。所以她才叫李清照——"朗朗清辉照古今"的一位奇女子！

说实话，这样一位出色的才女要找到一个称心如意的丈夫，不是一件容易的事儿。

第一，这个丈夫要能与她有共同语言，这是最关键的一点，没有高尚的情趣与才学、品性，那是很难入李清照的法眼的。

第二，这个丈夫必须能欣赏并包容李清照的才华与气质。对任何一个男人来说，整日面对一个比自己还有才华、比自己还强的妻子那不是一件容易的事儿，尤其是在古代的夫权社会里，"女子无才便是德"，更何况这位女子还是古往今来少有的才女！

第三，这个丈夫还必须能体验并体谅这位敏感妻子的情绪变化，因为情感的共鸣往往来自细节，只有共同的爱好却不能产生共振、共鸣，那这种有着共同爱好的夫妻不过是两条平行线，永远没有交汇的那一天。

第四，这个丈夫还得能理性地面对生活、面对官场与家庭之间的矛盾，甚至还要有理性面对人生的能力，这样他才能在那个动荡的时代、那个芜杂的社会里，为李清照这样一个独特的女子撑起一片安静的天空。

要找到这样的男人，我们不禁要像李太白那样慨叹一句："蜀道之难，难于上青天！"上天一定特别眷顾李清照，她还真找到了，这个男人就是赵明诚。

说到李清照与赵明诚的幸福婚姻，前些年学术界还引发过轰动一时的争论。争论的缘起是有些学者根据解析李清照的词作发现，她和赵明诚的婚姻生活并不像人们说的那么完美，甚至还出现过婚姻危机！

这就让我想起了五百年前的一场争论，那也是有关李清照的。明代中叶的时候，一群文人关于"李清照有没有过再嫁"发起过一场"辨诬"之争。可笑的是持肯定一说的文人，以李清照再嫁来否定李清照的人品和创作；而反对的一派竟然是就不承认李清照再嫁过，以此来维护李清照的人品和创作。

我就纳闷了，你说这帮文人无聊不无聊，针对一个女词人，不是看人家的作品，而是盯着她有没有再嫁过大打口水仗。

但古人又说了："不为无益之事，安能悦有涯之生？"所以我们也跟着无聊一下，先从李清照的再嫁与离婚说起。

首先，李清照有没有再嫁过？这个问题基本上不用解释了，在大量的史料证明下，事实很清楚，李清照是再嫁过的。那么她为什么会再嫁呢？

我们都知道李清照与赵明诚的夫妻感情很好，那李清照又何必要再嫁呢？而且，她再嫁的时候已经将近五十岁了。到这个年龄，孔子都说"知天命"了，还有必要再折腾吗？到底是遇到什么人，让李清照做出了这么大胆的决定呢？

我们都知道，就在李清照生活的那个时代，理学开始逐渐盛行起来。理学家程颐认为女人没有了丈夫，没有了生活来源，哪怕饿死，也不能再嫁。因为一女不事二夫，再嫁就失节了，所以"饿死事小，失节事大"就成了宋明理学没人性的一句典型口号。后代有那么多的女子立贞节牌坊，耗尽青春和生命，都是从这儿受的毒害。要放在现代，我们会认为讨论女人离不离婚、再不再嫁是一个很无聊的问题。可惜古人都让理学家们洗了脑，于是李清照作为一个女人有没有离过婚、改过嫁就成了上纲上线的问题。

在这样的时代背景下，我们来看看李清照她为什么要冒天下之大不韪，不仅再嫁了，而且再嫁了三个月后又离婚了。

李清照再嫁的这个人叫张汝舟，当时任右承奉郎，不过是个七品的小官。李清照的前夫赵明诚任过江宁知府，相当于现在的南京市市长，是四品大员。而且李清照的父亲李格非曾做礼部员外郎，她的公公也就是赵明诚的父亲更是做过宰相。也就是说李清照她们家的男人那几乎都是男人中的极品，至少也是官场中的极品，她怎么就看上这个七品芝麻官儿了呢？难道说李清照是瞎了眼、昏了头，一时冲动才看上了张汝舟的吗？

　　虽然我们这么说有点对这位伟大的女词人不敬，但事实上，她还就真是瞎了眼、昏了头才再嫁给了张汝舟。但我认为这并不是一时的冲动，反倒是深思熟虑的结果，只不过算错一步而导致满盘皆输而已。为什么这么说呢？这要从分析李清照当时的生活环境入手。

　　赵明诚死的时候，正当国难当头，金军渡江南下，南宋小朝廷开始四处逃窜。李清照也开始了逃亡生活，但是她的逃亡有两个很重要的背景，一是保存文物，二是洗刷冤屈。

　　我们都知道，李清照与赵明诚夫妇几乎可以算是宋代最伟大的文物收藏家。他们节衣缩食，一辈子收集了大量的文物，当年他们住在青州的时候，所收集的文物放满了十几间大屋子，搁着现在，足够开个私人博物馆了。金兵南下的时候，李清照护送文物南下到江宁，但还是有很多文物没能免于战火，送到江宁的文物只剩下一半不到。赵明诚临死的时候，其他什么话都没留下，就是交代李清照要看管好这些文物，这是赵明诚唯一的临终遗言。

可当时金兵马上就要攻占南京，李清照情急之下，把大部分文物送往赵明诚的妹夫处保管。赵的妹夫当时任兵部侍郎，本来也是有能力来保管这些文物的，李清照就将这些文物送往了妹夫所在的洪州。结果金兵兵分两路南下，一路就是经过洪州，妹夫逃命还来不及，哪还顾得了什么文物，结果这部分文物又焚于战火了。

经过两次战火的劫难，李清照夫妇收藏的文物已经损失大半，剩下的在李清照身边的已经不多了，但剩下的可都是精品。这时，李清照做出了一个大胆也是无奈的决定——把这些剩下的文物中的极品全捐出去。

为什么要捐出去呢？你看连当兵部侍郎的妹夫都保护不了，谁又能保护得了呢？所以又捐给谁呢？

李清照思来想去，决定把这些珍贵的文物全捐给朝廷。一是南宋小朝廷这时候虽然是个流亡政府，但毕竟是个政府，政府里有专门的部门管理文物，对这些文物来说，这应该是个比较安全的归宿。除此之外还有一个非常重要的原因，那就是要通过献宝来洗冤明志。

原来，赵明诚临死的时候，他的一个朋友曾经拿一个玉如意来找赵明诚夫妇鉴定，后来这人把玉如意进献给了金人，但有传言就说是赵明诚向金人进献了玉如意。这个罪名还得了，那可是通敌卖国。李清照四处伸冤，为了表明清白，她决定把剩下的文物也都进献给朝廷。这样一来可以见其清白，二来也可以保全这些文物。

于是,李清照这个失去了丈夫的女子,就带着这些珍贵的文物,随着宋高宗逃亡的路线逃亡。先从南京到镇江,又从镇江到嘉兴,赶水路入海到舟山群岛,又从舟山再渡海到温州,这一路逃亡,从陆路到水路,再从水路入山路,对李清照这样一个带着一堆文物的寡妇来说可是颠沛流离、艰辛备至了。好不容易追上了高宗的逃亡政府,把大部分珍贵文物献上去之后,哪知道又发生了兵变,看管文物的一个姓李的将军把这些文物席卷一空,逃得不知所终。这时候的李清照真是欲哭无泪,不仅她和丈夫一生的心血丧失殆尽,而且这还是她心爱的丈夫唯一的遗命,她如何来面对九泉之下的赵明诚呢?

就在这时候,那个叫张汝舟的家伙出现了。

要说起来,李清照还是留了个心眼的,她在进献文物时把那些沉重的大型文物,什么青铜器、玉石,都进献了上去,但还留了一部分字画真迹没有交,毕竟这些又珍贵又容易保存,还是放在自己身边比较放心。

在听说连进献上去的文物也遭了劫难之后,对手中剩下的这一点文物精品,李清照也放心不下了。她毕竟是一个孤身的女子,在封建社会,又有什么能力来自保呢?那个时代,女人不依附男人基本上就无法生活。所以当时的李清照还是跟着她弟弟住在一起的,可她弟弟也有自己的家人,李清照不能永远跟着弟弟吧!

于是,这个嘴巴甜蜜蜜的张汝舟的出现,就为李清照提供了一种现实的选择：一是找个男人有了生活的依靠，二是这些文物也可以长久地在身边有个安全的归宿。正是基于这两个关键的考虑，李清照决定大胆地迈出再嫁的一步！

但李清照有李清照的打算，张汝舟也有张汝舟的打算。你想，李清照一个快五十岁的人了，又刚死了丈夫没几年，张汝舟怎么会主动来追求她呢？

其实道理也很简单，那个姓李的将军，可以为了李清照的文物而趁兵变席卷文物逃亡，这个张汝舟就不能为了李清照的文物而结一次婚吗？

可结婚后，他发现如意算盘打错了。李清照发现了他的真实目的，不肯将剩下的文物交给他。张汝舟于是在婚后原形毕露，不仅不断地胁迫李清照交出文物，还对李清照拳打脚踢，施以家庭暴力。

要换作是其他任何一位女子，在那个时代，嫁鸡随鸡，嫁狗随狗，嫁错了男人，也只得认命罢了。所以和李清照同时代的朱淑真，就是因为嫁错了人，才写下了伤心的《断肠集》。但伤心归伤心，在古代只有男人休妻的事儿，不可能让女人来休夫，所以朱淑真也只能哀伤罢了，却不能做些什么。

可李清照不然，她毅然决然地要跟张汝舟离婚，张汝舟冷处理，李清照就把他告上了衙门。因为李清照揭发了张汝舟骗官的事实，张汝舟最终被除去官职，发配外地。按宋朝的法律，这样李清照就可以与张汝舟解除婚姻关系了。但按照宋朝的法律，"讼夫"也是要坐牢的，所以，李清照最后虽然离了婚，逃离了张汝舟的魔爪，但也因为告丈夫犯了"讼夫"之条，被投入大狱。幸好在她弟弟的营救下，李清照在入狱后九天就被放了出来。

我们回过头来看，已近知命之年的李清照为什么肯下嫁给张汝舟？为什么又在与张汝舟结婚只三个月后，就坚决地通过法律的手段来要求离婚？要知道，这在当时可都是惊世骇俗的举动。我个人觉得，其中一个重要的线索就是两个字——"文物"！或者说，是她和丈夫赵明诚积一生心血收集起来的文物！这在李清照心目中的地位太重要了。一方面，这些文物本身的价值就无法衡量，让它们毁于战火或是落入坏人之手，那都是一种文化的灾难；另一方面，这些文物可是她和赵明诚一生心血的结晶，也是他们美丽爱情的见证。

这就要说到李清照与赵明诚的爱情让人羡慕的地方了。

我们说情投意合是爱情的前提条件，所以古人常用"郎情妾意"这个词儿来描绘恋爱中的男女。但这只是恋爱中的男女，到了婚姻里，只靠情意绵绵是维持不了多久的，因为从心理学来看，"情"和"意"的心理活动都是一种纯粹感性的心理活动。因为是感性的，所以它的持续性并不强。要想加强它的持续性，就必须加入理性的添加剂。所以从爱情到婚姻，最理想的模式是情意相投之外，还要加上志趣相合。这一点，李清照做得非常聪明。

我们前面说过，从现有的史料来看，赵明诚和李清照夫妇几乎就是整个宋代最有名的文物收藏家与鉴赏专家。赵明诚是个当之无愧的金石学家,而李清照在嫁给赵明诚之后,自觉地向赵明诚学习,很快也成为一位杰出的金石学家,这就可以看出李清照的聪明来了。

李清照作为杰出的文学家,其文学功底自然是非常深厚的。但文学创作与金石学也就是现在文物艺术科学,还不完全是一回事儿。我们不知道她有没有刻意地去迎合丈夫的这个爱好,但我们知道她在嫁给赵明诚后,很快地将志趣爱好与丈夫协调一致起来,从而营造出真正志同道合的二人世界。这无疑为二人幸福的婚姻生活奠定了最为重要的基础。

他们经常一起去旧市场上淘字画。当时赵明诚还是太学生,收入非常有限,而赵家与李家在他们婚后都没有给他们什么资助,二人经常拿换季的衣物去典当,再拿典当来的钱去买字画。细心的赵明诚在买完字画之后还经常为李清照买些新鲜的瓜果,然后两个人经常通宵达旦地温酒赏画,其乐融融。这样的夫妻生活实在是让人羡慕。

赵明诚不仅在生活上很关心李清照,在许多事情上也很能体谅李清照。最典型的例子就是,当政治运动影响到他们的生活时,他们还能相濡以沫,互相扶持。

当年宋徽宗起用蔡京之后,新党执政,开始对旧党进行清算,元祐党人成为清算的对象。凡被朝廷认为是元祐党人的一律罢官去职,贬放远地,子女已嫁人者也必须要被逐出京都。李清照的父亲李格非号称"苏门六学士"之一,毫无疑问是元祐党人之一。

而赵明诚的父亲赵挺之却是新党的重要成员，当时任副宰相。李格非遭到政治清算，这边清算他的正是他的亲家。

面对这样的情况，李清照作为一个儿媳大胆地给公公上书，以"何况人间父子情"为由，请求赵挺之为营救李格非施以援手。可赵挺之在当时的政治环境下并没能做什么，李清照很怨懑，就写诗嘲讽公公"炙手可热心可寒"，也就是说你权势倾天，却让亲人心冷如此。对于李清照的这种要求和表现，赵挺之当时完全采取了沉默的姿态，事实上他自己也身处政治旋涡里。事实证明蔡京收拾了旧党之后，就开始收拾他了。没过多久，赵家也遭了难。

但赵明诚对这件事儿的态度就不一样。虽然我们不知道他在其中到底说过什么，做过什么，但我们知道，在朝廷对元祐党人的清算过程中，赵明诚照样买苏东坡等人的字画，照样和元祐党人的后代李清照一起，欣赏并收藏那些被朝廷明令禁止的元祐党人的作品。要知道，这在当时可都是犯法的，这无疑是在用实际行动支持着李清照。

这种境界让我不由得会想起罗大佑的那首有名的《爱人同志》。

歌里这样唱道：

> 每一次闭上了眼就想到了你
> 你像一句美丽的口号挥不去
> ……

如果命运不再原谅我们
为了我灵魂进入了你的身体

我相信，赵明诚的这种爱一定进入了李清照的灵魂与身体里。所以李清照在她后来的作品里，一遍遍地回忆和赵明诚一起饮酒赌茶，一起猜字读书，一起品鉴文物，一起踏雪寻梅的场景……这种志趣相投、情意相合的境界，我想是因为有着坚实的生活的基础。

可有些人就是不相信会有这么完美的爱情与婚姻。

一直有学者从解析李清照的词作入手，努力地分析她某些词中哀婉情绪的来源。还真给他们找着了，他们认为李清照词中所用的某些典故明显是指责赵明诚，尤其是指责赵明诚发迹后的疏远，并暗示赵明诚后来有纳妾或移情别恋的行为，而李清照这样写是满怀着控拆的情绪的。

我们说，一切完美都是相对而言的，哪里有果真完美到无瑕的碧玉呢？爱情与婚姻就更是如此了。李清照与赵明诚一直都没有孩子，虽然原因多半儿是在赵明诚，但连李清照自己也都一直耿耿于怀，更何况那又是一个"不孝有三、无后为大"的封建时代，这当然是他们婚姻生活的遗憾所在，由此引发夫妻情绪上的低落与哀叹也是人之常情。

因此就算赵明诚去纳妾，也是可以理解的，况且宋人蓄姬与蓄妾是非常流行的，甚至是士大夫生活中的一种代表现象。我们前面说过的苏东坡在这方面就很有名,所以赵明诚即便纳妾,在当时的环境下也无可厚非。个性非常要强的李清照对此表现出情绪上的起伏也是正常的,不能说这就引发了他们的婚姻危机。由此入手,彻底来否定李清照与赵明诚的恩爱生活,我个人觉得,那完全大可不必。

西方人对爱情与婚姻有个说法,是说上帝把人分为两半,扔在人群里,所以生命的意义就是要去找寻你的另一半!我想对于李清照来说,她应该是幸运地找到了她的另一半。赵明诚和她的夫妻生活,可谓琴瑟和谐,丝丝入扣,那个她曾经深爱的丈夫,正是她生命里不折不扣的"另一半"啊!

伤心桥下春波绿，曾是惊鸿照影来

——陆游与唐琬的故事

南宋绍兴十四年（1144）一个秋日的午后，也就是在六十多岁的李清照独自在庭院深深中思念她的爱人赵明诚，写下悲情之作《声声慢》的时候，二十岁的陆游迎娶了唐琬为妻。他们的结合，到底是开启了另一段幸福，还是开启了另一段痛苦呢？

事实上，所有的痛苦，之所以特别痛苦，都是因为当初的幸福，都特别幸福！

陆游和唐琬，绝对是郎才女貌，天作之合；才子佳人，人间绝配！况且，两人还是姑表亲，唐琬是陆游的表妹，两个人两小无猜，自幼一起长大。大概小时候就经常玩过家家，唐琬不知道在游戏里做过多少回表哥的新娘，如今好梦成真，那真是叫如愿以偿。陆游又何尝不是呢？所以从过家家，过到了成了家，这种水到渠成的爱，简直就让这小夫妻俩沉浸其中，难以自拔了。

物极必反。就像《倚天屠龙记》里那个专门拆散人家美好爱情的灭绝师太一样，唐琬的婆婆、陆游的母亲，以雷霆万钧之势出现在陆游和唐琬美满的夫妻生活里，并最终生生拆散了这对人间的鸳鸯。

看到这样的结局，我们不禁会问，陆母为什么要这样呢？

要知道她可是唐琬的亲姑姑，原本对唐琬这个儿媳很看得上眼的，所以才会为儿子定了这门婚事。可婚后怎么会对她亲自选定的儿媳越看越不顺眼呢？唐琬的性格史书记载是"温婉柔顺"，并不像《孔雀东南飞》中的刘兰芝那样是个典型的女强人，按道理她不应该会与陆母有什么生活中的矛盾，她怎么就得罪了这位本来还蛮喜欢她的婆婆呢？

这就不得不说到中国古代婚俗文化中的一个重要现象，那就是姑表亲、姨表亲这一类的近亲结婚。

《左传》里说"男女同姓，其生不蕃"。蕃是茂盛的意思，不蕃就是不茂盛了，也就是说男女宗族同姓间结婚，后代繁衍是不会茂盛的，这多少意识到了一点近亲结婚的危害。儒家继承了这个说法，严禁同姓之间的近亲婚姻。但限于当时的科技条件，这种认识毕竟还有很大的局限，以为只要同姓间近亲不婚就完事大吉了。于是姑表之间、姨表之间，也就是不同姓的近亲之间的婚姻，就不违反礼教，反而达到亲上加亲的作用。

苏洵的女儿苏八娘，就是嫁给了自己的表哥程之才。本来苏洵是不愿意这门婚事的，后来在一首诗里后悔地说："汝母之兄汝伯舅，求以厥子来结姻。乡人嫁娶重母族，虽我不肯将安云。"就是说这门表亲间的婚事我开始就不情愿，无奈亲戚的面子难驳。"乡人嫁娶重母族"一句则是说，姑表亲、姨表亲实在是当时很流行的婚嫁风俗。

从历史来看，姑表亲、姨表亲所导致的婚姻矛盾往往更多。这里面至少有这样几个原因。

第一，近亲结婚造成的繁衍恶果。近亲结婚会导致百分之十到百分之二十的畸形率，或后代的智能低下。孩子是家庭的希望，这自然会导致家庭的不幸。

第二，近亲结婚会导致家庭成员之间关系的复杂化。"亲上加亲"的一个后果是人与人关系上的"乱上加乱"。其实人与人之间是需要一定距离的，亲戚与亲戚之间也是这样，你看四世同堂，同住在一个大宅门儿里的，很少没有矛盾的。

第三，近亲结婚会导致婆媳之间的关系更加复杂与微妙。按道理，婆媳间若有姑姑、姨妈的这层关系，应该更容易沟通些，但在封建家长制的环境下，在多年媳妇熬成婆的变态心理下，反而会使得以前的了解变成一种变本加厉的控制手段。苏小妹、唐琬，清代的芸娘，历史上嫁给表哥的几位有名的女子，其婚姻悲剧大多相同，都是亲姑姑变成了恶婆婆。

当然，具体说到唐琬与陆母的关系，我以为关键原因还是在于陆母的变态心理。

我们先来看看有关陆游休妻原因的几种常见说法。

最有名的一种说法是南宋刘克庄的《后村诗话》里记载说，陆母"恐其惰于学也，数谴妇"。也就是说陆母望子成龙，怕陆游沉浸在儿女情长的温柔之乡中不能自拔，耽误了学业，所以要他将妻子休了。这实在有些莫名其妙。我们说小夫妻太热乎了,可以让他们保持点距离,但没必要把距离拉大到离婚啊。唐琬可是一个贤惠的妻子,怎么可能会因为自己而影响丈夫的前程呢?

另一种是说陆母觉得女子无才便是德,而唐琬偏偏才貌双全,这让她看不下去。其实这种说法根本站不住,因为陆母本人就是出身书香门第,知书达礼。如果照这个逻辑推理,那么她自己岂不是也应该被陆游他爹给休掉?

还有一种是说因为儿媳过于优秀,陆游对唐琬又言听计从,使陆母有了儿子"娶了媳妇忘了娘"的隐忧。事实上,陆游是个少有的极听话的大孝子,否则,他后来也不会有谨遵母命而把唐琬休了。所以这种说法似乎也不能成立。

当然,唐琬不孕,一直没能为陆家生个儿子,这倒是一个蛮关键的因素。"不孝有三,无后为大",这种观念,在封建家庭里根深蒂固,所以陆母不能接受唐琬没生孩子的现实。但李清照也没生孩子,也没见赵明诚休了李清照。在那个时代,男人想传宗接代可以娶偏房、纳妾,没必要一定要休掉原配夫人啊。所以曾经深爱李清照的赵明诚后来也纳了妾。仔细地想,这似乎也不是问题的根本所在。

以上这些原因,似乎都不能成为让陆母赶走儿媳的充分理由。那么问题的症结只能是陆母的心理有问题,肯定是恋子情结太重,导致了心理变态。这即便在现代社会也不稀奇。有的做母亲的,看见儿子媳妇过于亲密,心中就不快。待星火燎了荒原,那野火一样的毁灭心理就变得难以压抑。看着小两口恩爱甜蜜,自个儿心中怎么也不是滋味,出于嫉妒,非拆散他们不可。

我觉得这极有可能是真正的原因所在,是陆母的私心作祟,宁愿让儿子不快乐,也绝不给儿媳幸福。就这样,这对人间的绝配,在陆母的压力下,就要和爱情说再见了。陆游是一个出了名的孝子,虽然苦苦哀求,但母命难违,最终无法挽回,只能"与妇诀"。

最可怜的是唐琬,她可能死也想不通相爱会是一种罪!不过,更让她想不通的是,那个在暴风雨之夜出生在淮河舟船上的诗人,那个后来金戈铁马抗击金兵的表哥,竟然不敢争取自己的幸福与爱情,在一纸休书上签下了大名。

陆游和唐琬分手之后,各自建立了新的家庭。陆游娶了王氏为妻,唐琬改嫁了赵士程。从此,他们开始了各自的新生活,一切都波澜不惊,就像徐志摩诗里说的那样,他们好像是偶然"相逢在黑夜的海上",却最终"你有你的,我有我的,方向!"

从休掉唐琬之后的几年里,陆游渐渐不再提这些事,这就像沉淀过的历史被尘封在心灵的湖面下,但只要有颗石子,哪怕只是一颗小小的石子投入湖心,立即就会激起满湖的涟漪。这颗石子在六年后的一个春日,被投进了陆游的生命之湖里,搅动了他一生的涟漪。

六年后的一个春日,在陆游和唐琬都渐渐抚平各自心灵创伤的时候,他们偶然在沈园相遇了。

对于陆游和唐琬来说,这场相遇是不幸的。但对于这个叫沈园的庭院来说，却是一种巨大的幸运。因为作为一个宋代的园林，能够一代代传下来，到现在还依然有名，大概全中国也只有绍兴的沈园了。这种幸运是因为它就是那颗搅动了一湖春水的小石子，而这一切的见证如今却只有题在沈园墙壁上的两首词。

两首词，只一个词牌，都是《钗头凤》，一首是陆游所作，一首是唐琬所作。两人并非同时所作，陆游看了唐琬的词后抱憾终生，而唐琬看了陆游的词后，却香消玉殒。这两首词是怎么来的呢？

据陆游回忆，他是在绍兴二十二年（1152），也就是他二十八岁那年的一个春日，在沈园这个地方遇见唐琬的。

当时唐琬和她后来的丈夫赵士程正在沈园游春，陆游则是孤身一人。偶然相遇，两个人开始都很错愕，但又不能说什么，因为旁边还站着赵士程。千言万语，只能四目相对。要知道，陆唐二人被迫离婚六年后，这是第一次见面。两个人谁也没能真正地忘记对方，虽有赵士程在旁，一时真情流露，那也是难免的。还是唐琬反应比较快，她大大方方地把陆游介绍给了赵士程，赵士程对陆游寒暄几句之后，就带着唐琬离开了。

陆游心里一下打翻了五味瓶。人家都说"恨不相逢未嫁时"，而他们明明相逢了却又错过，如今心爱的表妹嫁作他人妇，陆游只能"深恨相逢已嫁时"了！陆游呆立在原地，看着唐琬与赵士程的身影消失在沈园的树丛间，竟然无法挪动自己的目光与脚步。

过了好长一段时间，有个丫环捧了酒肴过来，赠予陆游。原来唐琬经得丈夫的同意,把他们夫妻游春的食物送了些来给陆游。陆游端起送来的绍兴黄酒,泪一下子就流了下来,想起当初唐琬纤纤玉手为他把盏黄縢酒的情景,心中阵阵隐痛。于是,他捧着那杯唐琬送来的酒,在沈园的墙壁上留下了这样一首《钗头凤》:

红酥手,黄縢酒,满城春色宫墙柳。东风恶,欢情薄,一怀愁绪,几年离索。错、错、错! 春如旧,人空瘦,泪痕红浥鲛绡透。桃花落,闲池阁。山盟虽在,锦书难托。莫、莫、莫!

留词之后,陆游将杯中酒一饮而尽,踉跄离去。

在陆游留词之后的某一天里,唐琬一个人来到了沈园。她找到了陆游留在墙壁上的那首《钗头凤》,流着泪把它读完,又流着泪在那首词后和了一首《钗头凤》:

世情薄,人情恶,雨送黄昏花易落。晓风干,泪痕残,欲笺心事,独语斜阑。难、难、难! 人成各,今非昨,病魂常似秋千索。角声寒,夜阑珊,怕人寻问,咽泪装欢。瞒、瞒、瞒!

要说唐琬的命不好,但我认为她多少还要比晚年的李清照幸福得多。她也是再嫁,李清照嫁了个狼子野心的张汝舟,唐琬却嫁了个豁达温情的赵士程。为什么这么说呢？

唐琬与陆游在沈园的相遇之情，赵士程不会看不出来；而唐琬当时就介绍了前夫陆游，可见他对唐、陆以前的感情也是相当了解的。在这种情况下，妻子主动给前夫送酒，他完全支持，不是因为唐琬给陆游送了绍兴黄酒，心里就打翻了陈醋坛子。而唐琬过后重回沈园，赵士程也未必就不知道。可见赵士程对唐琬还是非常体谅、非常大度的。按道理说，嫁给这样的丈夫也可以平息往日的伤痛了，最起码可以好好地过日子、好好地生活下去了，可唐琬的幸福生活怎么会又突然断裂了呢？

唐琬在写完这首《钗头凤》之后，泪流满面，回到家一病不起，不到一年就香消玉殒了。你看，这么幸福的再婚生活都不能让她在重遇陆游的伤痛里解脱出来，这反过来可以看出她对陆游的爱有多深，唐琬本人对那段情又是多么难以释怀、难以自拔！

她当着赵士程的面介绍陆游时的从容，只是掩饰突然相遇下心情的激动，而后来又当着丈夫的面送酒给陆游，则是实在想做些什么，完全不是我们局外人理解的大度与知礼节。而当她终于在陆游的《钗头凤》前写下自己的绝命之作时，她的心里再也放不下别人，哪怕像赵士程这样的好人。于是她带着生命离开，回到了她表哥的梦里！

我曾经到沈园，站在那两首《钗头凤》前，不止一遍地想，陆游在写那三个"错、错、错"的时候，心里会是如何悔恨！而唐琬在写那三个"难、难、难"的时候，心里又会是如何哀婉。

当时他们的心里会是怎样的一种滴血之痛!

后来,陆游在得知唐琬逝世的消息之后,才又在沈园读到了唐琬的这首《钗头凤》。一旦了解到表妹对自己的刻骨之爱,陆游一下子就明白了唐琬真正的死因。我想,这时候的陆游一定受到了巨大的心理冲击,从这一刻起,沈园就成了他一生里魂牵梦绕的解不开的结。这个巨大的心理冲击是什么呢?

我觉得应该是由懊悔引发的歉疚与怀念。这可以从两首《钗头凤》里看出些端倪。

陆游词里的最后一句是"山盟虽在,锦书难托,莫、莫、莫"。意思就是当年我们的海誓山盟仍在,而如今我即便就在你面前,却也无法把我写满相思的情书递给你看。罢了!罢了!罢了!这三个"莫、莫、莫"毫无疑问是三声哀叹,但除了哀叹旧情不再,我们还是能从其中读出一些陆游对唐琬的埋怨来。也就是说,我陆游还是伤心人,你唐琬却已平淡从容了!你看你向赵士程介绍我的时候是多么平静,而我们当初的那些海誓山盟呢?

当然,我们不能说陆游就是个小气的男人,不能说他会把唐琬当着丈夫给他送酒,看作是对他们陆家的奚落。但面对自己心爱的女人嫁作他人妇,要说陆游心里没有一点怨怼之情,也是不合常理的。所以你看,唐琬的词里也说"欲笺心事,难、难、难""怕人寻问,瞒、瞒、瞒",这里头固然有对红尘的无奈,但也应该有对表哥的解释,至少是为了追求与陆游达到情感的共鸣,而这种努力正可以反证出陆游词境里的那种孤愤情绪。

正是这种情绪，在唐琬死后，尤其是因为她是思念陆游为情而死，让陆游产生了巨大的歉疚感与负罪感。其实伤痛倒不一定会让人背一生，负罪感反而让人容易背负终生。他后来虽然转战一生，浪迹天涯，但他经常去沈园，并留下了很多有关沈园的诗。尤其是到老年，生命绚烂之极后归于平淡，最珍贵的东西才浮现出来。

陆游七十五岁的时候，他又来到沈园，并写下了著名的《沈园二首》，其中有一句"伤心桥下春波绿，曾是惊鸿照影来"。这里的"惊鸿"用了曹植《洛神赋》的典故，陆游借用这个典故是说，哪怕只是低头看看桥下的流水，都会产生仿佛看到了唐琬的水中倒影的错觉。要知道曹植的话是在说一个梦，而陆游这样说那就不是在说白日梦了，那就是苏轼所说的"不思量，自难忘"，以至于想得都有些精神恍惚了。

试想一下，唐琬这时离开人世已经四十多年了，陆游又岂只是到了老年才这样恍恍惚惚的呢？那个"铁马冰河入梦来"的抗金英雄，原来在白天也生活在另一种沉痛的梦里。

石遗老人陈衍在《宋诗精华录》评《沈园》诗的时候说："无此等伤心之事，亦无此等伤心之诗。就百年论，谁愿有此事？就千秋论，不可无此诗。"如果说唐琬是把生命赠予了陆游，那么陆游就是把沈园相遇后六十年的沧桑岁月一起赠予了唐琬。因为那个清纯的表妹，和那片小小的沈园，是陆游生命中"不能承受之轻"！

说到如此令人伤感的结局，我忍不住想说，这样的恶果固然是因为陆游的母亲一手造成的，但陆游就一点没有责任吗？

《孔雀东南飞》中的焦母固然有责任，但焦仲卿与刘兰芝也应该有责任。陆游的家庭生活，我觉得和《孔雀东南飞》既有相似处，又有不同处。最大的不同处，是唐琬不像刘兰芝，我们看不到她有什么清高自傲、拒绝沟通的表现，对于现实，她是不应该负半分责任的。相同的地方就是除了两位母亲之外，两位丈夫、两个男人都应该承担一定的责任。

比起焦仲卿来，陆游的责任恐怕还要更大一些。在母亲的无理要求下，焦仲卿最起码还表现出毅然决然的抗争，而陆游基本上就是不作为。在母亲的休妻要求下，陆游先在别的地方租了个房子，把唐琬藏起来。不要以为他这是抗争，其实根本就是逃避。因为这也不是什么缓兵之计，根本就是能怎么凑合就先怎么凑合的凑合之计。等到母亲发现之后，陆游就只能做个乖宝宝，听老妈的话，眼睁睁地把藏起来的唐琬给休了。

我想，陆游在诗歌、在抗金中表现出来的才情与豪气，如果多少能分点到他的爱情生活来，他的爱情与婚姻也就不会这么悲惨。他若有些男子汉、大丈夫的坚持，他的母亲也未必不会让步。但是他根本就没有试过。所以说，就是陆游的愚孝及其在家庭生活中的懦弱，不仅毁了自己，也毁了美丽的唐琬。

不过话说回来，算了，算了，我们也不要再责备陆游，他已经饱受了心灵的煎熬。他的那首令人念之断肠的《钗头凤》至今还镌刻在沈园的残垣断壁上。我想,若是唐琬在天有灵,也一定会原谅他的,我们又何必在这里喋喋不休呢!

罢了,罢了,像王实甫在《西厢记》里说的那样:"愿天下有情人终成眷属",但后面我想再加上半句——

"愿天下成眷属的莫再分离"!

怎如一顾倾人城,回眸一笑百媚生

——唐伯虎的故事

买套房子太不容易了!

但怎么办呢?再贵也得买啊!赵丹不是在《十字街头》里唱过——"没有钱,也得吃碗饭,也得住间房!"为了这个理想,卖身为奴也值得。

于是,就有了——"房奴"!

房奴的一个典型特征就是贷款买房,或者说白了就是借钱买房。如果从这个角度来看,古代其实也有房奴。中国历史上第一个严格意义上的"房奴",就是那位鼎鼎大名的"江南第一才子"——唐寅唐伯虎。

唐伯虎当年在苏州买房时,我估计当时"商品房"的价格也已经非常不低了。而唐伯虎偏偏看上的又是一处"别墅"级的大宅院儿。有人会说,再大的宅院,唐伯虎也买得起啊!唐寅什么人啊,大艺术家,诗、书、画号称"三绝",就算是现在有点名的书法家写个条幅什么的也得万把块钱,那唐伯虎写十几幅字,这购房款不就齐了?老百姓买不起房那是正常的,哪有有钱人也买不起房的?

按道理这话也说得没错。但据唐伯虎自己的记载，真实的情况却是他看上了这处房子，但凑不齐购房款。

是不是这"别墅"级的房子太豪华了？据文献交代，唐伯虎看上的这处房子不过是别人废弃的别墅，长久未有人居住，也无人问津，几乎就是一块"死楼盘"，按道理应该不要多少钱。

野史记载，唐伯虎在决定购买这处房产的时候，首先是向北京一位当官的朋友借了一大笔钱，而这笔钱是用自己的一部分藏书来作"抵押贷款"的。后来，他更是经过两年多的努力作画、卖画，才筹足了购房款。

那么，历史上有名的孤傲才子唐伯虎为什么要"贷款"买房呢？

一个原因是他太喜欢那处宅院了。虽然当时没有房地产行业，也没有热炒房地产的社会环境，但唐伯虎这位艺术家还是看上了这个废弃的宅院。他把这处房产买下来之后，给它起名"桃花别业"，而且亲自构思，亲自布局，精心修饰，尤其是大力拓展绿化面积，种了相当多的树，把这处宅子建成了苏州城有名的私家园林。他自己曾经夸张地说，春天到来的时候，园子里是"千林映日莺乱啼，万树围春燕双舞"，可见其绿化的规模。当秋天来临的时候，唐伯虎更是在这里实践着自己独到的行为艺术。他把满地落红一一拾起，都放入锦囊之中，然后葬在园子里，还为此作有很多的"落花诗"。

有人听了会觉得耳熟，这怎么那么像黛玉葬花啊？其实林黛玉不过是唐伯虎的追星族而已,这葬花的"行为艺术",她根本就是从唐伯虎这儿学来的。

唐伯虎葬花,也正是因为"感怀身世,心情悲苦"这八个字!唐伯虎并不像历史传说中那么春风得意,更不像周星驰演的那样无厘头搞笑,至少在买桃花别业的这段时期他正处于人生的谷底。这时候的唐伯虎已经三十多岁了,大家还都叫他"唐解元"。这就不由得让人产生疑问——以唐伯虎的才能,怎么这时候还只是个解元呢?

明清科举考试,分为几个层次。最低一级叫乡试,就像是现在的高考,考上的叫举人,全国第一名被称为解元,所以乡试又被称为解试。第二级叫会试,就像现在考硕士,考上的叫贡士,第一名被称为会元。最高一级是殿试,就是皇上亲自在金銮宝殿上御考,这就像现在考博士,是古代最高级别的考试,过关的人就叫进士,第一名就是状元。从解元考到会元再考中状元的人,就叫"连中三元",就是全国最有名的大才子了。

当时有机会问鼎这个"最有才的大才子"称号的,民间呼声最高的就是唐伯虎。因为他在江南考秀才,就是当时江南第一。后面乡试又考了第一,所以才被称为唐解元。眼见着又去参加会试,不出意外的话,唐伯虎还是第一。甚至有独家报道预测,估计殿试他还是第一,"连中三元"的神话不久就会上演了。

可分析师的评论总是与股票的走势刚好相反,唐伯虎这只"大牛股"才走到会试阶段,就遭遇了巨大的危机。

原因是唐伯虎交友不善。和他同去考试的江阴巨富家的公子徐经与唐伯虎结成莫逆之交,对唐伯虎非常豪爽,俨然成了"唐伯虎"这只牛股的"大股东"。

徐经文才很差,考前请唐伯虎帮他写几篇文章。唐伯虎觉得以文会友,也没有什么,就应邀写了几篇。哪知这个徐经用钱买通主考官,预先买到了当年的考试题目。唐伯虎帮他写的那几篇文章恰恰就是应题之作。案发之后,唐伯虎这只"绩优股"就被徐经这个"大股东"的"违法行为"给拖下水了。后来,唐伯虎虽然被释放出狱,但两个重大的打击已经彻底改变了他的人生。

一个就是他被彻底关在科举考试的大门之外。在"学而优则仕"的封建时代,科举是士子们进入官场、去实践"达则兼济天下"这一人生目标的唯一渠道,现在这扇大门从此对他关上了,科举仕途已宣告彻底无望。另外一个就是他在狱中所受的屈辱。虽然最终出狱了,但唐伯虎在狱中待了有一年多的时光,这期间他吃的苦头让他的心理状态产生了一定的变化。

他在给他的好朋友文征明的信中说:"至于天子震赫,召捕诏狱,身贯三木,卒吏如虎,举头抢地,泱泗横集。"就是说这场牢狱之灾委屈之极不算,在狱中还经常被狱卒殴打,被狱卒羞辱。一代青年才俊的唐伯虎怎么能忍受这种屈辱?他在后来的人生里表现出狂士的一面,和他的狱中生活,以及他被科举拒之门外都有一定的关系。

既然仕途之路被断送了,唐伯虎只好回到苏州,过起了他的文士生活。在古代，不做官的文人在物质生活上很难有保障，虽然唐伯虎一直很有名，但他的字画卖的钱也仅供糊口之用而已。实际上他一直很穷，而穷正是他不得已要"贷款"买房、要做"房奴"的另外一个关键原因。

既然这么穷，为什么还要买桃花坞的别墅来住呢？

有一种说法是——为了"秋香"！

因为唐伯虎贷款买房大概是在他三十七岁的时候，而据记载，他是在三十六岁那年娶了那位对他一笑生情、三笑倾心的"秋香"姑娘。

说起来唐伯虎与秋香的婚姻，似乎不能用一个"娶"字，而应该要用一个"点"字，因为从古到今，我们一直津津乐道的是"唐伯虎点秋香"的故事。

周星驰主演的香港电影《唐伯虎点秋香》倒还真的没夸大多少，据冯梦龙的话本小说《唐解元一笑姻缘》来看，这个"点秋香"的历程倒还真的基本相同。

这个故事说，有一天唐伯虎在苏州阊门的河边作画，渐渐进入了艺术境界，艺术家一旦进入艺术的境界，往往就目中无人了。这种情况下，只有观众瞻仰他的份，哪有他来看你的份儿。可偏偏就有一个人，一下子就闯进了唐伯虎的视线里！

这位叫秋香的姑娘实在太聪明了，她只是站在河中的一条船上从这儿经过，看到岸边作画的唐伯虎的眼光扫过来，她便嫣然一笑。这一笑，明眸善睐，就像是一束穿破乌云的光芒，一下子就把唐伯虎的心从人堆里、从他的艺术痴狂里给拽了出来。

就因为这一笑间的注目,唐伯虎就从他痴狂的艺术境界里掉进了更痴狂的生活境界里。他表现得更着魔了,手里的画笔也扔了,眼睛定定地看着那只载着青衫美人渐渐远去的小船。突然,他抛下了一切,跑到河边租了条船追了上去。

据说,在这段"跟踪追击"的过程中,还有"两笑":一是船靠岸时,秋香上得岸来,对还在船头的唐伯虎回眸一笑;唐伯虎追上了岸后,又跟丢了华府的队伍,结果在秋香她们回府之前又偶然碰上,两人又相视一笑。这下,总共就有"三笑"了。

但我们不禁有点怀疑,唐伯虎与秋香的故事最早见于明代嘉靖年间嘉兴项元汴所作的笔记《蕉窗杂录》上,后来发展到冯梦龙的话本小说《唐解元一笑姻缘》,再后来还有孟舜卿所写的杂剧《花前一笑》,这些故事里说的可都是"一笑",怎么到后来就变成了"三笑"了呢?

我想,大概是后人在演绎这个故事的时候,渐渐地觉得一笑不过瘾,三笑才够劲。你看,三顾茅庐、三气周瑜、三打白骨精,甚至喝酒都是三碗不过冈,中国人就喜好这个三,有个三番四次,就能三五成群,连治水英雄大禹都得三过家门而不入。所以秋香的"三笑",自然也就比光秃秃的"一笑"来得不负众望些了。

当然不管是一笑还是三笑,唐伯虎被那笑勾了魂儿才是关键。他不是看不出来那姑娘的打扮只是一个丫环,可唐伯虎就是唐伯虎,他根本就不管她的身份,他真的就是"我选择,我喜欢"。

于是他卖身为奴，深入华府，并用他的才学在华府里大展身手，最终做到了华府的总管。在华老爷与华夫人的准许下，他在华家所有的丫环里挑老婆，于是在百花丛中点中了秋香，然后两个人不取华府一分财物，悄悄地离开了。

但我不由得想问，唐伯虎真的会去卖身为奴吗？

他虽然因科考案被科举拒之门外，但他好歹还是个举人，而且是举人中的第一名解元，也是个政府认可的大知识分子；虽然他不领政府津贴，但也是艺术家啊。这么大一个腕儿，要是看上了秋香，完全可以去向华府求亲，怎么着也不会去卖身为奴吧？

首先我们看，历史上有没有人会为一个婢女去卖身为奴的？

还真有一个！

据明代文人笔记《茶余客话》和《耳谈》记载，明代嘉靖年间有个书生就曾为一个大户人家的丫环而卖身为奴，最后两个人结为夫妻，但这个人不是唐伯虎，他的名字叫陈立超。看来是后人把这位"超人"做的事儿安在了唐伯虎的头上。

那华府有没有一个姑娘叫秋香呢？

也确实有。

据史学界的考证，明代成化年间苏州是有个姑娘叫秋香，但她后来到南京做了妓女，算起来就算是她认得唐伯虎，她的年龄也比唐伯虎要大上至少十几岁。我想，这样的秋香对唐伯虎嫣然一笑，应该不会让一个男人为之发狂吧！

那么，唐伯虎到底有没有九个老婆呢？

说起来唐伯虎的婚姻就比传说中惨多了。我们知道他买房都是靠贷款,哪有钱来娶九房姨太太呢?

事实上,唐伯虎二十五岁的时候娶了同乡一位姓徐的女子为妻,两个人本来感情很好,可才过了三年,徐氏就病死了。后来又娶了一个,但因为会试作弊案,等他回到老家,这个老婆早跟着别人跑掉了。唐伯虎曾经为此大病一场。后来,也就是在他买桃花别业的前一年,他才又跟他患难中的一位红颜知己沈九娘结了婚。此后,唐伯虎才稍稍算是苦尽甘来,虽然到死他们也没富过,但两情相悦,也算是在桃花别业中度过了动人的一生。

大概是因为这个沈九娘的名字,后人就不由得幻想,唐伯虎风流潇洒,怎么着前面还得有八个,要不然最后这个不会叫"九娘"啊,于是唐伯虎就凭空有了九个老婆。

这样看来,"点秋香"这事儿纯粹是子虚乌有,但后人为什么会对"三笑"这个故事如此津津乐道?一来当然有附会传说的心态,另一方面则是为唐伯虎鸣不平。

唐伯虎作为江南第一才子,虽然据史学家考证,他那方"江南第一才子"的印并不是他自己亲自刻的,但他作为江南知识分子的象征,经受了莫名其妙的科考弊案并因此终身落难,实在让人扼腕叹息。自那以后,唐伯虎对科举考试深恶痛绝,并由此激发出对冷酷现实的批判精神。他说:"不炼金丹不坐禅,不为商贾不耕田。闲来写就青山卖,不使人间造孽钱。"话里全是愤世的情绪。他后来半生轻狂,甚至跟祝枝山等人扮成乞丐,在街上唱着"莲花落"要钱,然后用讨来的钱去喝酒。这固然开了"作家上街乞讨"的先河,但他真正的意图却是要用这种行为来反讽社会。

我们知道唐伯虎确实是在贫困之中贷款买了桃花坞的房子,这更可以看出他的性情来。就因为这是一处废弃的荒园,又地处当时苏州城的偏僻之地,他才觉得这合乎他的性情。在抵押了全部家当买下来之后,他才会对这处宅院如此投入。

如果纯粹是当作一种投资行为来看,唐伯虎的这次购房无疑是很不理智的,他因此背上了沉重的债务负担。但他还是要这样做,唯一的原因就是因为他喜欢。所以他会成为中国历史上第一个标准的房奴,所以他会以一个大男人的身份在桃花坞中来一场葬花。

这就叫惊世骇俗,这就叫特立独行。所以后人觉得他身上的这种气质,就是去做卖身为奴的事儿也不为过。于是围绕着他的性格与气质,人们才创作出了"人间三笑点秋香"的美丽故事。它不仅可以让我们在故事里缅怀这个本应风华绝代的才子,也可以让我们在故事里去丰富他那段让人扼腕叹息的不幸人生!

公元 1524 年,五十三岁的唐伯虎在贫病交加中死去,死的时候,他除了这处偏僻的桃花别业外一无所有。因为无力安葬,所以只能葬在桃花坞边,现在苏州城靠近桃花坞的地方还有条路叫"唐寅坟巷"。

一代才子就像他自己在《漫兴》十首之二中说的那样:"此

生甘分老吴阆,宠辱都无剩有狂。"

他那套甘做房奴换来的房子,大概就是他心底的那份"狷狂"立在人世的象征!

山河满目空破碎，冲冠一怒为红颜

——陈圆圆的故事

明末清初诗人吴伟业在他那首著名的《圆圆曲》里说，大汉奸吴三桂之所以要降清，完全是"冲冠一怒为红颜"，这个红颜，众所周知，就是秦淮八艳中的陈圆圆。

按吴伟业的说法，吴三桂本来也是个好男儿，本来是绝不肯做汉奸的。但是当他得知他的爱妾陈圆圆被闯王手下大将刘宗敏给掳走的时候，才一怒投清，断送了汉人的大好江山。这样说，好像吴三桂的出发点是为了他对陈圆圆的爱。

就因为吴伟业有这样一个伏笔，所以后来为吴三桂翻案的人和文章也不少。但我以为，从吴伟业开始，借着陈圆圆为吴三桂说事，根本就是一个说不过去的谎言！

那么，吴三桂的"冲冠一怒"到底是为了什么呢？一定是为了陈圆圆这位红颜知己吗？就算是的话，那是为了红颜的色，还是为了红颜的情？是为了红颜的安危，还是为了替所谓的红颜报仇雪恨？另外，有没有可能根本就不是为了红颜，而是借着红颜的名目，为了其他的一些目的呢？

当时，李自成已经攻下北京城，崇祯皇帝已经吊死在景山。

吴三桂手握重兵，自宁远前线正往北京赶。说是往北京赶，其实他走得一点也不急。因为这一路上，他这趟公差的性质发生了重大的改变。

他刚离开宁远的时候，是为了勤王。这时候，崇祯皇帝还没寻死，北京城还没被攻下，吴三桂自己也吃不准形势的发展，他心中最重要的根本是怎么保存自己的实力。在兵荒马乱的时候，谁都知道人马没了，什么资本也就都没了。

就在这种心态下，正在蜗牛式前进的吴三桂等到了李自成改朝换代的消息。这下连大明朝的皇帝老儿都没了，也就是"明朝那些事儿"都彻底谢幕了，吴三桂的勤王一下子就变得没有意义了。但不要紧，只要手上有人、有枪，你就是杵在那儿发愣、发呆，都一样有意义。

这时候，李自成劝降的信也一封接一封地到了。

吴三桂再三权衡之后，决定归"顺"——也就是投降由李自成建立的大顺朝。既然归顺了，那就不能不去朝见，所以队伍还是继续向北京城开拔。

一般人们会以为，这时候吴三桂的心情应该是比较轻松的，因为终于选择了归"顺"。人在有选择的时候最不轻松，等选择完了，哪怕错了，也会在心理上轻松下来。但吴三桂不一样，他心理负担反倒更重了。为什么呢？

相比较很多史评家的观点，我觉得金庸先生在《鹿鼎记》里描写的吴三桂倒更符合历史的真实，那里面的吴三桂没有少年时代，是个十足的老谋深算的阴险的家伙。那年轻时的吴三桂是不是也如此呢？

我们看史料会发现，吴三桂有个很奇特的地方。他有时打仗很勇猛，可有时打仗也很懦弱。有时坚守阵地，就剩几个人他也能孤军奋战；有时当逃兵，逃起来比谁都快，而且要么不逃，要逃他总是第一个逃。按道理一般人不这样，也就是说这个人的做事风格很不统一。

其实，吴三桂性格的变化也不难理解，这个看似矛盾的背后有着重要的统一，那就是——赌徒心理。

敢赌的人有时候会出奇勇猛，因为他会不顾身家性命，把所有的一切都押上。但有时他们又是疑心病最重的人。在这种心理下，吴三桂对局势的判断绝不是接受一个招降的形式这么简单。也就是说，他虽然口头上已经归顺，但事实上他的队伍走的还是跟原来一样慢，甚至比原来还要慢，这说明他还在等，他还在看。他根本不会因为一句答应投降的诺言而彻底轻松下来。这才是那个可以在乱世中生存下来的吴三桂。

为吴三桂开脱的史学家常引用的一种说法是，此时清军关外屯兵十万，李自成有兵号称百万，而吴三桂只有四万多人马，他要么联闯抗清，要么联清抗闯。

我就奇怪了，为什么非要二选一呢，为什么就不能是一道多选题呢？

首先，兵力上并不像表面说的那样。当时清军关外不过十万兵,也就比吴三桂多一倍半。况且他要是弄个朱家的什么人先当个小皇帝,各地勤王的兵力应该还有不少,而且这也不是什么难事儿,历朝历代这样干的多了。曹操号称百万,赤壁之战被孙刘联军五万人给破了。苻坚号称百万,淝水之战被谢玄八万人给破了。闯王的百万,后来不还是被吴三桂的四万精兵冲得支离破碎了吗?

其次,如果身处夹缝、左右为难的话,完全可以别站在夹缝那儿。有人说,吴三桂若既不降清、又不降闯的话,在山海关一线一定守不住,因为前有强敌,后无粮草,怎么也支撑不下去。这倒是实话,但你可以走啊,天地这么大。

但吴三桂为什么没有这么选择呢?也就是说,他为什么没有先撤身出来观看一下局势再说呢?那是因为他已经——深陷局中了。

一个赌徒入局之后,就再也不会有旁观者的心态与思维方式。吴三桂在这场蜗牛行军过程中的选择,倒确实是"联闯抗清"或者"联清抗闯"的单选题,因为赌局里的做局是要有同伴的,这是基于风险的分担原则。吴三桂始终不敢独成气候,说实话也是怕风险太大。所以他要找人入伙,他考虑的并不是像有的史学家说的那样,是找人联合的"利",而是找谁不找谁的"弊"。

吴三桂摸爬滚打多年,他首先考虑的并不是赚到什么,而是怎么"不赔本儿"。联闯恐怕最能不赔本,毕竟同为汉人,但联清则有"非我族类,其心必异"的担忧,也就是早晚会被人猜忌与瓦解兵权。事实证明，后来也确实是这样。所以在去北京的路上，吴三桂定下了联闯抗清的基调，虽然有个人名节、家族人质上的考虑，但最主要的原因还应该与其保存实力的风险意识有关。

但即使这样，吴三桂也不能完全确定。所以他还在边走边看。当探子来报，闯王攻下北京后，纵兵劫掠，京城大乱，他们吴家也被劫的时候，他还是很镇定地说："没事，等我到北京，他们就会把抢走的东西还回来的。"吴三桂会看重那些被抢走的东西吗？

当探子又来报，说闯王手下刘宗敏绑走了吴三桂他爹吴襄，还拷打了老爷子，要勒索钱财的时候，吴三桂说："没事，等我到了北京，他们就会放人的。"吴三桂连他亲爹被人抓起来拷打也不担心吗？

当又有人来报，说刘宗敏贪恋如夫人的美色，已经把陈圆圆给抢走了的时候，吴三桂终于拍案而起，说："男子汉大丈夫，老婆都不能保护，这怎么行呢？"于是就下定了联清抗闯的决心。

《清史稿·吴三桂传》里记载这个转变时，只说了一个字——"怒"，然后就是"还击破自成所遣守关将"，就是说吴三桂退起来退得非常快，而且是经过一场战斗，打败了李自成的守关将退走的。

这三层变化说明了什么呢？

首先，传统认为吴三桂是为了保家人的性命才归"顺"的，我觉得这种常理只适用于一般人，但并不适用于吴三桂。因为他爹被抓起来而且被拷打,就已经说明家人的性命有危险了,这不需要等陈圆圆被抓走才能被证明。可他依然很有信心,而且依然慢吞吞地进军。但当陈圆圆被抓走后,他的信心一下就没了,就怒了,就反了,而这一怒、这一反,也就把全家人的性命都抛弃了,后来果然吴家三十余口都被杀。吴三桂应该会料到这个结果,那么他若以保全家人性命为出发点,怎么可能因陈圆圆被抢的消息而轻易地改变这个出发点呢?

有人说,这不正表现了他对陈圆圆的情义吗?这样的话,也就是说他爱陈圆圆甚于爱他全家人了?如果是这样,他更应以陈圆圆的性命为重,火速赶往京城搭救,反了的话,不是也要置陈圆圆于死地吗?《清史稿》里说他这时的表现是"怒",而不是"急"。要是出于关心,那就应该是"急";因为出于羞辱,那才会是"怒"。也就是说陈圆圆的被抢,实际上是激活了一个中国男人传统的财产心理。

在女人的眼里,男人大多不是好东西;但在男人的眼里,女人往往被称为"尤物",也就是特别好的东西。女人骂男人不是东西,就是因为男人往往把女人视为东西,虽然是好东西,那本质上也只是私人财产而已。所以中国男人往往可以忍受各种屈辱,但很难忍受自己的女人被抢,因为那象征着你根本没有保护个人财产的最基本的能力。这才是最大的屈辱,所以吴三桂怒了,这只能说明,他是传统观念下标准的中国男人而已。

还有一个关键的地方,就是他进与退的速度变化。

他前往北京走得非常慢,但返回山海关的速度却非常快。这说明,他进的时候是一直处在犹豫与猜疑之中的。甚至我觉得有一种可能,陈圆圆被抢而导致的"怒",只是吴三桂这个高明赌徒的表演而已。

在答应归顺之后,吴三桂的北京之旅依然走得慢条斯理,这其中体现了吴三桂还在反复对这个决策进行衡量。衡量的标准就是保全自我实力的可能性到底有多大。

当听到财产被抢时,这时他还有信心,但已经有些怀疑,所以他关心的根本就不是那些被抢走的东西,而且通过被抢可以看出李自成手下对自己的态度。当他老子吴襄也被"抢"走而且遭了拷打时,他的信心已经开始有巨大的动摇了,但是还没到下决定的时候,所以他还说没关系。试想,一个儿子在听到老爹遭受如此遭遇时怎么还能如此平静呢?就是因为他这时脑子里考虑的事情根本不是父子情。

当陈圆圆被抢时,这成了他改变主张的最后一根稻草。事实上,我认为,即使不是陈圆圆被抢,再有一件什么事来,也极有可能起到这根稻草的作用。对于赌徒来说,当一件事的概率变大或变小的时候,他需要一个表面的理由来给出做决定的依据,而陈圆圆正是吴三桂的那个"表面的理由"。这样看来,他的"冲冠一怒",有可能是只是演戏,也有可能是因为男人的羞辱感,但怎么都不像是出于爱。

有人会质疑,这种男人为女人而有的羞辱感不也折射出男人对女人的爱来吗？

这就要说到我质疑后人拿陈圆圆为吴三桂说事儿的又一理由了，那就是：他们之间有爱吗？

我们先来看看吴三桂对陈圆圆怀有什么样的情感。

吴三桂是怎样认识陈圆圆的呢？我们知道陈圆圆是秦淮八艳、江南名妓，吴三桂是不是早就对陈圆圆倾心了呢？

事实上根本不是这样。

据多种文献记载，吴三桂是在崇祯皇帝的岳父田宏遇家里认识陈圆圆的。当时吴三桂因为是手中握有重兵与实权的大将，越来越被崇祯皇帝所倚重，当各方面都越来越吃紧的时候，崇祯帝把吴三桂叫到北京来加封。吴三桂成天在山海关一带驻扎，虽然是一方诸侯，但北京城的繁华毕竟不常见，这回又是来受封的，各方面都巴结得很，连皇帝的老丈人都得巴结他，所以心里难免飘飘然。就是在田宏遇的宴会上，他见到了田宏遇为他精心准备的这一件礼物——歌女陈圆圆。

吴三桂当时就看直了眼，管她是歌女还是名妓，当时就娶回家当小老婆了。这说明吴三桂对陈圆圆根本就不了解，他只是见了她的美色心动了而已。

还有一个证据可以看出，吴三桂对陈圆圆是不了解的。陈圆圆是田宏遇为了巴结崇祯帝特意从江南抢来的。田宏遇很懂得推陈出新的道理，他怕女儿田贵妃不能长久地在皇帝身边得宠，就四处搜罗美女进献给崇祯帝。哪知道身处内忧外患中的崇祯帝根本就不好这口，陈圆圆被送进宫中两个月后，又被退了回来。但不管怎么说，这是皇帝动过的女人了，在古代你动皇帝动过的女人，那绝对是吃了熊心豹子胆了。吴三桂再是个胆大的赌徒，也不会胆大到这个地步，而他欣然接受陈圆圆就说明他对这些根本就不知情。

既然对陈圆圆这段众所周知的经历都不知道，这说明他此前根本不了解陈圆圆，他对陈圆圆的钟爱也不过就是建立在男人好色的心理上而已。

事实也证明，一旦陈圆圆年老色衰，吴三桂也就立即露出了狰狞的面目。在吴三桂降清后，被封为云南王，按道理，陈圆圆应该是正室王妃，但陈圆圆拒绝了受封。后来吴三桂另娶了一个老婆做正妃，结果在这个正妃的唆使下，他屡次要杀害陈圆圆，陈圆圆不得已在尼姑庵里了却残生，不能不说是这个倾国倾城的绝代佳人的悲哀。所以可以肯定地说，吴三桂根本就不是一个真正爱陈圆圆的男人。

那么，陈圆圆为什么会拒绝受封为王妃呢？

陈圆圆在被田宏遇抢来之前，在江南的那些日子里还是意气风发的。跟柳如是、董小宛、李香君一样，虽然身在红尘中，她也努力地寻找着属于自己的爱情。据冒辟疆的自述，陈圆圆好像追求过他，但就在那些爱情的花儿还没有完全绽放的时候，她被当作一件物品抢进了田府。

后来陈圆圆又侥幸被献给了皇帝，结果崇祯皇帝还偏偏是古代皇帝中少有的不好色的。当陈圆圆又被退还给田府的时候，我想她的心里一定是绝望透了。作为一个美丽又无助的女人，这时候她还有什么指望呢？只能在心里怀念那些"杏花春雨江南"的日子罢了。

这时候吴三桂来了，不是来解救她，只不过因为她的美貌而带走了她，虽然可以说是让她脱离了苦海，但因此说陈圆圆就会爱上他，我觉得那是很荒唐的。这个倾国倾城的女子，她的生命与心灵应该都是属于江南的。

自从她被抢到北京，她眼里的达官贵人大概都不过是形形色色的禽兽而已，她一个弱女子怎么能抗拒这些有权有势的男人呢？所以她只有逆来顺受而已，但在心里，一定有她自己难以言说的恐惧与无奈。在这种心理下，她会来爱那个四处征战的吴三桂吗？她又不是虞姬，此生跟定了项羽。她只是别人送给吴三桂的一个礼物，所以她只是小心地活着而已，这从她还在当宠时拒绝了王妃的册封，就可以看得出来。她对吴三桂根本谈不上什么爱。

没有了爱的名义，这场为了女人的争夺战，则更像是远古部落之间的财产占有与争抢而已！

我以为，吴伟业拿陈圆圆替吴三桂说事儿的第三个理由就在于吴伟业自己。

我们都知道，创作是讲究情感投入的，尤其诗歌更是这样。吴伟业在创作《圆圆曲》的时候，无疑揉进了自己的感慨与情绪。

在田宏遇下江南"抢女人、抢地盘"的时候,面临这场厄运的并不只是陈圆圆,还有一个人当时风传也在田宏遇的黑名单里,那就是吴伟业自己的情人,与陈圆圆同为秦淮八艳之一的卞玉京。

吴伟业与卞玉京两人是在一次朋友的聚会上认识的,两个人擦出了火花。当时江南盛传两句诗,叫"酒垆寻卞赛,花底出陈圆",就是说卞玉京与陈圆圆是江南的花中魁首,这时候吴伟业还不是很有名,但卞玉京一眼就看上了他,可以说两个人的爱情是相当健康与真挚的。

这样过了一年多,两人感情渐渐进入了表露期。就在这时,那个土匪一样的田宏遇下江南来抢女人了。这时候卞玉京给吴伟业写了一封信,明确表示要嫁给他,可吴伟业表现得一点都不像他的名字那么伟岸,他只像他的字号"梅村"一样,只在卞玉京的楼下了吹了一曲哀伤的《梅花三弄》,便悄悄地离开了。

他不是不爱卞玉京,他是怕田国丈,他惹不起这样的"皇家牌土匪",于是他只能吹一曲略表心意的笛子,然后心安理得地去做缩头乌龟!

后来卞玉京嫁给了别人。事过境迁,吴伟业既后悔又伤心,十多年后他与卞玉京在太仓重遇,写下了寄寓感怀的《听女道士卞玉京弹琴歌》。但不论怎样,这时候已经是"此情可待成追忆,只是当时已惘然"了。这份"当时的情"与"当时的懦弱"大概也就成了吴伟业心中永远的痛。

由此我们不难理解,他为什么在陈圆圆的故事里要表现一个那么勇敢、那么有情有义、敢"冲冠一怒为红颜"的男人来,说到底,那是"借他人之酒杯,浇心中之块垒"。那份"冲冠一怒"的大无畏,实在也是他自己心中的渴望啊!

只是写写诗而已,一句"冲冠一怒为红颜",吴伟业下笔轻巧得大概就像他在卞玉京楼下吹一首笛曲,哪知道就此耽误了卞玉京的一生,也就此搅混了历史的一池清水。

陈圆圆本来就是个命运多舛的美丽女子,吴三桂的汉奸之路,实在不关她什么事儿!

吴伟业"妻子岂应关大计"的"红颜祸水"之说,可以休矣!

我见青山多妩媚,青山见我应如是

——柳如是的故事

柳如是,原名杨爱。"柳如是"的名字,是这个女孩子给自己取的名字。

听起来,这个名字很美,也很女性化!但其实原来的意蕴倒不太符合女性。这个名字的典故出自辛弃疾的一首词,叫《贺新郎》。这首词上阕的最后一句是"我见青山多妩媚,料青山见我应如是。情与貌,略相似","如是"的名字就取自这句词。

我们可以看出来,这里的"如是"确实说的是"妩媚",但不是女子的妩媚,是青山的妩媚。辛弃疾这首词的原意也不是婉约的,因为辛弃疾从来就没写过什么婉约词。

在词的下阕里与这一句对应的是:"不恨古人吾不见,恨古人、不见吾狂耳。知我者,二三子。"这是一副典型的狂士风范,或者说是一副男士风范,这与青山的妩媚刚好对应起来,所以说青山的妩媚也不是说女子的,而是说男人的潇洒猖狂的姿态。

那么,柳如是是不是没有读懂辛弃疾的这首词呢?

还真不是。柳如是琴棋书画样样精绝,尤其诗写得好,不仅为当时人所称赞,三百年后的国学大师陈寅恪读了之后都叹为观止。既如此，她怎么可能误读辛弃疾的这首词呢？

那么，柳如是既然很清楚辛弃疾的词意，她为什么又会从这个很男性化的词句里取名字呢？

答案正在这个"男性化"，以这个名字为标志，以前的那个柳如是和以后的那个柳如是踏上了不同的人生道路。

先说以前的那个柳如是，那时候她还不叫柳如是。她先后用过杨爱、朝云、云娟等名字，她还取字叫"影怜"。一看这两个字我们就知道，这是顾影自怜的意思，那正是女孩子的情趣。这位叫杨影怜的女孩子跟后来的那位柳如是截然不同，她的人生道路基本上是传统意义上标准的女性悲剧。

杨影怜的出身很悲惨。就像《投名状》里徐静蕾向李连杰介绍自己身世的时候说："你知道扬州瘦马吗？"大概很多人不知道，名闻天下的柳如是竟然也是"扬州瘦马"！

"扬州瘦马"在明清两朝可是个时髦的词，它是指人贩子会把一些长相不错又身材娇瘦的小女孩儿，像小马驹儿一样圈养起来，教她们琴棋书画，长大了就卖给大户人家做小妾，卖不掉的就卖到妓院去做娼妓。扬州当时是明朝的进出口贸易集散地，也是当时中国最繁华的城市，富人最多，买卖"瘦马"之风最盛，所以"扬州瘦马"就成了这个现象的代名词。

杨影怜开始的命运是被卖到了大户人家做小妾。可后来，杨影怜却化名柳如是，被后世文人推上了英雄式的祭坛，这不禁让人产生了好奇——杨影怜是如何走向成功的呢？

开始的时候,杨影怜被卖到了一位已经退休的高官家里,给一个曾经做过宰相的老头周道登做小妾。因为她很得这周道登的宠爱,其他那些妻妾们就坐不住了,诬陷杨影怜与家中的男仆私通,周道登一怒之下,把这个十六岁的小女孩又卖到了妓院。

要说这位杨姑娘还是很聪明的,她对自己能从周家解放出来是相当满意的,从此再不用在妻妾成群的堆儿里小心翼翼地生活了。尤其是可以像杜十娘与莘瑶琴那样规划自己的爱情,终于可以不用再在那个七八十岁的糟老头子身边强颜欢笑了。可命运真的很奇怪,在转了好大一圈后,柳如是年轻的脸庞还是在一个老年人身边绽开了婚姻与爱情的笑脸。当然,这是后话。

杨影怜的聪明不仅在于她会逃离,而且她还会炒作。在卖入妓院之后,如何在江南狎妓成风的时代里脱颖而出,立刻成了这个十六岁女孩儿考虑的主要问题。杨影怜出人意料地打出了一张招牌——"故相下堂妾"。

作家闫红曾经打趣地说,这对男人来说就像是二手宝马。闫红以一个女性敏锐的视角认定,男人有二手宝马开就绝不会去碰哪怕是崭新的QQ,因此这位"故相下堂妾"一下子就迅速蹿红了。

当时的"娱乐圈"大概跟现在差不多,只要有了名,就有了要价的资本。杨影怜用自己的聪明与才学无可厚非地为自己赚取了要价的资本,从此以后,她开始细心地经营与规划自己的生活。

女人所谓的经营与规划生活,说到底不过就是两个词:"爱情"

与"婚姻"。杨姑娘在成名之后开始寻找自己的爱情。先是一个叫宋辕文的小伙子进入了她的视线。

这是一个与杨影怜同龄的官宦子弟。据说他对杨姑娘的追求颇有些现代青春剧的风格。他能在众多追求者中脱颖而出不是因为他的才学,而是缘于他的行为艺术。

一次,他一大早来拜访住在画舫中的杨影怜,杨姑娘刚起床,想刁难一下小伙子,就派人传话说:"宋郎且勿登舟,果有情意,不妨水中待之。"这话就是说我还没起呢,要等我起床的话,就站水里等吧。

这本是句玩笑,可宋辕文利用了这个机会,扑通往冰冷的水里一跳,当时杨姑娘便感动得心痛起来,连忙出来把宋公子扶上船,从此两人坠入了爱河。

看来,男孩子在追求女孩子的时候,有时候也得有点壮士断腕的狠劲儿,这位宋公子可谓深谙此道。但"小处了了,大处未必",在杨影怜倾心于宋辕文之后,宋辕文身后的宋母出场了。事实上,应该提醒每一位恋爱中的女孩子,要知道每一位情郎的身后其实都埋伏着一位母亲,这场伏击战打不赢,估计爱情就没指望了。

宋母不仅严令儿子不准再与这位江南名妓交往,还利用宋家的影响力,让当地郡守把杨姑娘驱逐出境。

面临这样一个危机,杨影怜与宋辕文的性格特征都鲜明地暴露了出来。

杨姑娘在画舫中备下一张琴和一把长长的倭刀,然后把宋辕文叫来商量怎么办。宋辕文一点不像他当初追女孩子时候的样子，嗫嚅了半天，才说了句："且避之。"

杨影怜一听这话，当时拔出刀来，说："别人这样说也就罢了，宋郎这样说实在让人寒心，从此以后，我与公子有如此琴。"说罢，手起刀落，琴弦尽断。宋辕文估计当时也吓傻了，看着刀光闪闪，本能地吓跑了。杨影怜没想到对方竟是这样一个不肯担当、没骨气的男人，自此以后，她对年轻的小伙子就再也看不上眼了。

因为对宋辕文的失望，杨影怜的第二次恋爱就爱上了比自己大十岁的陈子龙。陈子龙是明清之际少有的英雄，明亡之后全力抗清，宁死不屈，投水殉国，成为当时文人的精神楷模。但英雄也是凡人，在面对家务事的时候也同样是一筹莫展。

杨影怜与陈子龙同居过一段时间，两个人的感情也很好。可陈子龙却是已经成了家的人，有一个心机很深的老婆，叫张孺人。张孺人虽然未能生育，但听说陈子龙与一位江南名妓好上了，反倒斗志昂扬起来。她发动各方面的力量，把亲手将陈子龙抚养大的老祖母也搬了出来，还为陈家继承香火考虑，专门为陈子龙另娶了妾，然后上演了一出千里寻夫。在张孺人的人事技巧与道德压力面前，陈子龙最后不得不黯然身退，把那还在憧憬爱情与婚姻的杨姑娘孤单单地留在了江南。

经过这两次挫折，聪慧的杨姑娘发现了一个真理，那就是女人绝不能只把幸福的希望寄托在男人的身上，尤其不能寄托在男人甜蜜的誓言上，女人要想获得幸福，只能把希望寄托在自己的身上。

那么，怎么做呢？

杨姑娘痛定思痛，她做的第一件事就是改名字。她决定再也不像所有的弱女子那样顾影自怜了，她要像辛弃疾说的那样，虽是巾帼，但要不让须眉。于是她取"料青山见我应如是"的豪迈气，自名"如是"。也有一种说法是，她因见到一句佛语"如是我闻"而有顿悟，才取的"如是"这个名。不论是缘自哪一种说法，这都说明了她要"跟往事干杯"，要告别过去的想法。

为了能有一个崭新的自我，她连杨这个姓都不用了，因为杨柳连用，索性就改姓柳。于是，中国历史上就有了一位熠熠生辉的柳如是。

关于取"如是"这个名的两种说法中，我还是倾向于来自辛词的说法。因为这时的柳如是越来越表现出那种"不恨古人吾不见，恨古人、不见吾狂耳"的名士风范。她整日女扮男装，打扮成翩翩佳公子的模样，跟文人诗酒唱和，还在跟文人的往来信件中自称"弟"，也就是要与那些以知识分子自居的士大夫们平起平坐。

柳如是本来名气就大，这一下名气就更大了，文人们往往喜欢在她那儿聚会，吟诗作对，纵论天下。她就像法国的尼侬夫人，把妓院办成了艺术沙龙。

当然，只有这些还不够，柳如是真正的改变是她对生活的一种积极进取的态度。

在陈子龙之后，柳如是对自己的爱情谨慎起来。可这一时期，有一个品行很差的家伙死黏了上来。说他是死黏了上来，是因为这个叫谢三宾的家伙当时是太仆寺少卿，四品官，权势还不小，弄得柳如是很没办法。开始的时候，柳如是还只是很客气地拒绝，谢三宾跟现在的很多无赖男人一样，感觉很好地在聚会上问柳如是："柳小姐，你喜欢我哪一点呢？"

柳如是机智地回答说："我喜欢你离我远一点！"

可谢三宾还是不知趣，软的不行就来硬的，纠集了地痞无赖来反复纠缠。这时候柳如是没办法了，灵机一动，想到了一个人。于是她像王子猷雪夜访戴一样，驾一叶扁舟，来到常熟的半野堂，拜访当时的文坛领袖、谢三宾的老师钱谦益。

于是，柳如是生命中的真命天子终于出场了。

据说钱谦益一生最欣赏三位女子，她们是王微、杨宛叔和柳如是，这三个人无一例外都是个性非常张扬的知识女性。钱谦益在此前早闻柳如是的大名，尤其对她的诗才大为赞赏，曾经专门应和过柳如是的诗作，只是两人未曾谋面而已。这次听说柳如是专程来拜访自己，高兴得鞋子都没穿好，就到河边迎接来了。

顾苓的《河东君小传》里记载，当时钱谦益眼中的柳如是"幅巾弓鞋，著男子服，口便给，神情洒落，有林下风"。既有女性的清俊，又有男性的潇洒，这风度，这气质，可以说正是钱谦益最爱的类型，一下子就让这位名满天下的钱谦益着了迷。更为重要的是，柳如是此行的名目是以诗会友，是来讨教学问的，而这更让他刮目相看。钱谦益的才学在当时可谓是天下一人，柳如是的诗词让他看了都激动不已，这下两个人在一起可算是有了共同语言。

反过来，柳如是到钱谦益这儿本来是来避难的，可是相处了一段时间之后，对钱谦益的才学也是由衷佩服。柳如是毕竟是自学成才，在钱谦益这位天下文坛盟主面前感觉还是学问少了点。两人在一起探讨学问与诗歌，当时的情景可以用一个词来概括，叫"相得甚欢"。

后人常说，柳如是因为要躲避谢三宾的刁难才嫁给钱谦益，要不柳如是没理由嫁给一个比自己大三十三岁的男人。

我不这么认为。原因至少有三点：

第一，柳如是去拜访钱谦益固然是因为要躲避谢三宾的刁难，但她此行的目的只是结识钱谦益，用钱谦益三品礼部侍郎和天下文坛盟主的身份去压制谢三宾而已。结交他并不一定要嫁给他，难道女人只能用自己的身体来结交异性朋友吗？这不过是荒唐的男人逻辑而已。

第二，柳如是在钱谦益家住了一段时间之后就告别了，两个人当时并未谈及男女之情。反倒是分别后钱谦益对柳如是念念不忘，后来专程来找柳如是，又请朋友们多方帮助、调和，才委婉地向柳如是表达了爱意，也就是说并非柳如是先追求钱谦益的，也就谈不上她要用婚姻来避难的想法。

第三，柳如是对钱谦益的感情是很容易让人理解的。

她前两次刻骨铭心的情爱之痛让她对宋辕文这一类轻飘飘的年轻人不放心，让她对陈子龙这一类事业有成的中年人也不放心，大概在骨子里，这位漂泊风尘的才女更渴望得到父爱般的温暖，这种温暖是可以让人有依靠、有着落的，所以在情感上她对钱谦益和她之间的年龄差异并不十分看重。有句话说"人最好不要错过两样东西，一是回家的最后一班车，一是一个深爱你的人"。对于柳如是来说，钱谦益既是一个深爱她的人，也可能是"最后一班车"，所以她接受钱谦益的感情也是完全正常的。

另外，因为钱谦益的才学确实让她敬佩，她到钱谦益那儿就是以学生的姿态去向老师求教的。钱谦益对柳如是也确实是一片真情。他家里虽然有正室，但他还是用明媒正娶的方式把柳如是娶回了家。这放在现在就是重婚罪，而且重婚的对象还是个妓女。不管是不是名妓，把一个妓女娶回家做妾，那都是为当时的士大夫所不耻的，何况是娶回来做妻。可见钱谦益的性情也是如青山般妩媚，是个"古人不见其狂"的奇人。

这就是爱情，年龄不是问题，世俗的眼光也不是问题。

钱谦益这个六十岁的老头当时还确实有些"狂人"的风范。他先是遍请当地乡绅与名士参加他的婚宴，只说是娶妻，又不告诉人家娶的是谁。待到柳如是的船来到江边，钱谦益乘船相接，众人才知道他娶的竟是一位妓女。

岸上的道学先生们纷纷表示不耻，有人就骂钱谦益"亵朝廷之名器，伤士大夫之传统"，就是说他太有伤风化了。有人起哄，拿白菜帮子和臭鸡蛋往船上扔，于是大家群起而效仿之，结果两个人的婚船不是"满载一船星辉"，而是满载了一船的白菜帮子和臭鸡蛋。

岸上众人群情激愤，可钱、柳二人却对此很是享受。据钱谦益回忆说，当时他二人是"吮毫濡墨，笑对镜台，赋催妆诗自若"，就是说如此盛大景观难得一见，你我二人何不赋诗一首以纪念！你看两个人多潇洒！结果当时钱谦益就写了那句有名的"买回世上千金笑，送尽平生百岁忧"，这种境界，的确不一般！

说到这儿，我们又要说到那句"小处了了，大处未必"了。钱谦益虽然是性情中人，虽然对柳如是一片深情，虽然他们婚后的生活相当幸福与圆满，但人生总要有遗憾，加在钱谦益的生命与爱情里的一件让他永远翻不过身来的事儿，就是"降清"。

清兵入关后，许多仁人志士坚持反抗不屈服，但钱谦益在民族大节面前腿软了，跪在了清朝的主子面前，做了降臣。

据说，清兵来之前，柳如是拉着钱谦益要一同跳湖而死，以赴国难，可钱谦益伸手摸了摸冰冷的湖水说："水太凉了！"就是说跳进这么冷的湖水里，死得多不舒服啊！我不干！

当时柳如是就很鄙夷他，自己一个人要投水自杀，被钱谦益一把抱住，死活不肯。两个人的壮士之举也就没成。

后来还有种说法，清兵入关后要按清军的习惯让所有的人雉发垂辫。很多文人聚集在一起，说头可断血可流，发是绝对不肯雉的。最后大家都看钱谦益这位文坛盟主如何表态。结果一直没吭声的钱谦益这时候站起来,只说了一句"头皮痒甚",就走了。去哪儿了呢?因为头皮痒,去理发了。

当然,据学者考证,这些说法纯属野史所记,估计是后人编出来笑话钱谦益的,因为他确实是没骨气投降了!这一点,让柳如是也看不起她这位曾经敬爱的老师、亲密的爱人。于是在钱谦益被清朝授了官职要去北京赴任的时候,柳如是坚决与钱谦益划清界限,一个人留在南方过清苦的日子,坚决不跟钱谦益同流合污,这让当时的人和后人都大为赞赏。陈寅恪先生在《柳如是别传》里就称她是"超世俗、轻生死""天下兴亡,匹'妇'有责的女侠名姝"。

据说,陈寅恪的书斋取名"金明馆"和"寒柳堂",这"金明""寒柳"皆取自柳如是《金明池咏寒柳》一词。陈寅恪这么钦佩柳如是,所以要花十年的时间去写一部近百万字的《柳如是别传》。

后来钱谦益在清朝也一直不得意。在柳如是的规劝下,他开始认识到自己降清的错误,在柳如是的帮助下,与反清义士接触,还资助过郑成功的反清复明活动。但这些在当时都不为人所知,人们只知道歌颂柳如是的高洁,却都唾弃钱谦益的软弱。要知道,入清后的十几年里,柳如是虽没有跟钱谦益去北京做官,但钱谦益从北京回来后,还是跟他夫妻恩爱的。要是钱谦益没有在降清的事上有了清醒的认识以及明确的反悔表现,依柳如是的性格,她会原谅他并与他重归于好吗?这不太可能。

纵观柳如是的一生,她不仅依靠自己的才学挽救了自己沦落风尘的一生,也依靠自己的智慧挽救了钱谦益那颗曾经失落过的灵魂,这才是让后人、让陈寅恪这样的国学大师都由衷钦佩她的道理所在。

英雄不论出身,才女同样也不论出身,哪怕原来只是"扬州瘦马",也可以把住自己命运的缰绳,驰骋天下。

舞低杨柳楼心月，唱尽桃花扇底歌

——李香君的故事

孔尚任，孔子的第六十四代孙。

因为沾了孔子的名头，在中国，按理说不论怎么改朝换代都不会吃亏。

于是，虽然清军入关夺了汉人的天下，孔尚任这位孔家嫡系的传人还是被康熙帝授予了国子监博士、户部主事、广东司员外郎等官职。看得出，清军也尊孔，也想汉化，孔尚任是孔子的后人，不出什么意外的话，他的官儿会安安稳稳地做下去。

可是，历史恰恰充满了意外，这位被康熙帝当作门面的孔家传人，有一天竟被罢了官，而原因只不过是因为他闲来无事写了一出戏。

要说文人搞创作那也完全正常，曹雪芹写了部揭了些皇家根底儿的《红楼梦》，乾隆虽然不高兴，不也没治他的罪吗？况且孔尚任还是尊孔的门面，他到底写了什么让康熙那么受不了呢？

说起来处罚也不应该这么严重。因为孔尚任不过写了一个妓女的故事，这个妓女虽然位列秦淮八艳，但再大的名妓也不劳康熙帝操心啊，怎么一个妓女的故事就让这位一代圣君火了呢？

原来也不怪康熙帝发火，孔尚任这出名叫《桃花扇》的戏，虽然只是写了秦淮名妓李香君的故事，但孔尚任自己也说，他写《桃花扇》是为了"借离合之情，写兴亡之感"。

那么，是什么样的兴亡之感呢？这很容易理解，当然是清兴而明亡的兴亡之感。因为戏是一出悲剧，所以这种感慨也是悲痛的，其思念明朝的情绪也就不言自明了。据说孔尚任为写这出戏，曾专程赶到扬州，在抗清英雄史可法的墓前徘徊数日，以寄托哀思，并体验生活。

这还得了！罪名大点，就是想反清复明！

看来康熙帝只把孔尚任给罢了官已经是轻的了。要按清朝文字狱的传统，孔尚任这种明目张胆地思念明朝的情绪即使不落个满门抄斩，自己恐怕也得呜呼哀哉。由此我们可以看出，康熙还算仁慈，还算给孔老夫子面子；而孔尚任也算胆大，也算是有情有义的好男儿。因为在那种白色恐怖下，他还敢写这种"兴亡之感"，也算是文人中顶天立地的好汉了。

但我奇怪的是，既然要写这种怀念明朝的"兴亡之感"，他为什么不写史可法，或者郑成功也行啊，再不就写个当时为国捐躯的仁人志士也行啊，为什么偏要去写一个妓女呢？还要从这个妓女身上寄托沉重的"兴亡之感"，这真的有点儿让人想不通。难道真的是"英雄每多屠狗辈，青楼不乏侠女身"？

你还别说，孔尚任可能还真是这样认为的——越是那些底层的百姓,越在国破家亡之时会激发出侠气、骨气与正气来。李香君正是这样一个人!

李香君虽然在后世有号称侠女的风范,可实际上她的身材比较娇小,又因为她唱歌唱得好,歌喉婉转圆润,所以当时有个外号叫"香扇坠儿",就是形容她的气质玲珑剔透,有如系在香扇上的一颗玉坠儿。

有的人会奇怪,这么娇小的李香君为什么后来名气那么大?她会干得出那名震天下的"血溅桃花扇"的事来吗?

其实这没什么好奇怪的。

李香君虽然身材娇小,但人家内在的小宇宙强大啊。女人往往是这样的,表面上往往像哈姆雷特说的那样——"脆弱啊,你的名字叫女人!"但哈姆雷特不知道,平时越是脆弱与平静的事物,爆发起来越是强大与激烈,像地震、火山喷发和女人,都是这样。

再者说,这"血溅桃花扇"又不是武松的"血溅鸳鸯楼",非得五大三粗在少林寺学过武功才行,李香君的"血溅桃花扇"不过就是一出精神的悲歌而已。

当然,因为是精神的悲歌,所以它反倒比武松的"血溅鸳鸯楼"要伟大、壮烈得多。

当时的情况是,南明弘光朝的兵部尚书阮大铖为了笼络手握重兵的金都御史田仰,就把李香君许给田仰做小妾。他们商量妥了,也根本不问李香君愿意不愿意,就派了人到李香君住的媚香楼来抢亲。按当时的情势,一个妓女被当朝大员看上了,不论你愿意不愿意,那都是没辙儿的事儿。可李香君坚决不从,而且性子刚烈,在怒斥了阮大铖的无耻、卑鄙之后,她一头撞向墙去,当时血流满地,昏死过去。后来还是一手抚养她长大的李贞丽代她上了花轿,才使她躲过这一劫。

李香君为什么宁死也不嫁给当朝大臣?兵部尚书阮大铖又怎么偏偏看中了李香君呢?

这其中的缘由都牵扯到一个重要的男人,他的名字叫侯方域。

侯方域是河南商丘人,祖父和父亲都是大明朝有名的忠臣。他自己和方以智、陈贞慧、冒辟疆合称明末"复社四公子",又与魏禧、汪琬合称"清初文章三大家",是个才华横溢的大帅哥。

侯方域二十一岁的时候,到南京参加礼部的会试。备考之余,经友人杨龙友的介绍,认识了李香君。

当时这位大帅哥第一次来到十六岁的李香君的房间,一抬眼就看到墙上挂着一幅宽约两尺的《寒江晓泛图》水墨横卷,画的意境十分高远。关键还在于画的结构布局很庞大、很大气,画上还题着一首诗,其中一句"瑟瑟西风净远天,江山如画镜中悬",让侯大才子大为赞赏。

他仔细一看,诗与画都没题落款,当时就觉得很奇怪。按道理,文人作诗作画没有不题落款的呀。实在不好意思题的,恐怕就是水平太差,练习之作,题上去丢人,所以才不题。但要是这样的话,也不会被裱起来挂上墙啊?侯方域就很奇怪地问,这幅横卷如此高妙，怎么没落款呢？而且这画风诗风如此大气，此等名家，我以前怎么没见过他的作品呢？

侯方域一好奇，李香君就笑了，轻启朱唇，淡淡地说了句："此小女子涂鸦之作，因不足为道，故未落名款。"也就是说，这我随便画画写写，随便裱裱挂挂的，所以没当回事儿，也就没题名落款。

侯方域大吃一惊，当即索要纸笔赋诗一首，对李香君的才情大为赞赏。

我们不知道这侯方域是真聪明还是假糊涂，反正那么多文人到李香君这儿来都没发现并利用这个细节，侯方域第一次来就成功地利用了墙上这幅画，好好地拍了李香君的马屁，或者说是与李香君成功地产生了独特的沟通。这让李香君这位眼界颇高的秦淮名妓，一下子就对这位河南来的小伙子产生了好感。两个人诗卷来往，感情迅速升温，坠入了爱河。

管理学上有句名言，叫"细节决定成败"，回头看看侯方域的恋爱法，可见真理无处不在。

李香君倾心侯方域之后，决定再也不跟别人来往。按当时的风俗，侯方域这叫"梳拢"了李香君，但是还需要出一笔"梳拢"费。

侯方域是来赶考的，没带那么多钱，所以心里很着急。正在这时候，有人雪中送炭来了。那位杨龙友又出现了，而且是带着大笔"赞助费"出现的，这下侯公子得偿心愿地住进了媚香楼，不仅为李香君买了很多首饰，还送了李香君一柄绢面的象牙宫扇作为定情物,上面系着侯家祖传的琥珀扇坠,正应了李香君"香扇坠儿"的雅号。

细心的李香君发现了端倪,说这位杨龙友杨公子怎么这么关心你。你到南京,他接待,还把我介绍给你;你缺钱,他赞助你,让我们终成眷属。不对,这里面肯定有什么蹊跷。

侯方域一听,也觉得有问题,于是就把这位杨龙友请到了媚香楼。两人一番畅谈才知道,原来杨龙友不过是个中间人而已,他所热心做的这一切都缘于他背后的一个人,那就是阮大铖。

我们会很奇怪,阮大铖怎么会对侯方域的事儿这么上心呢?侯方域不过是复社的一个年轻文人而已。难道是他看中了李香君?那么他自己来好了,为什么要费这么大的周章呢?

原来,这阮大铖是万历时期的进士,做了很多年的官,也是明朝有名的戏曲家。只因在官场上站错了队伍,投靠了魏忠贤,也就成了臭名昭著的阉党的人。

崇祯朝的时候,阉党被清算,阮大铖也被罢职回了江南。后来时局动荡,他就一心想东山再起。但阉党的对头是东林党,而复社也就是东林党里的年轻人组织起来的。东林党虽然在政治上不得势,但却一直象征着社会主流的正义力量。阮大铖想东山再起,就不惜重金拉拢侯方域这种复社中的骨干力量,以图让东林党人与社会舆论接受他。他知道自己以前的名声很臭,不能直接出面,于是才有借杨龙友之手的曲意结纳。

侯方域听了这话,没有作声。因为阮大铖当年做官的时候与他父亲的交情还是不错的。况且吃人家的嘴短，拿人家的手软，现在用了别人的钱了，就得领别人的情啊。

这时候反倒是躲在屏风后偷听的李香君忍不住了，她气愤地走出来，对侯方域说："阮大铖是什么人？是个妇孺皆知的小人。官人受了他的资助，便要为他分说，这是因私废公，是要被天下人耻笑的。阮大铖资助的这些首饰衣裳，我李香君还看不上眼呢。官人自可拿去退还。"说着，就把首饰、衣裳都拿了出来，扔在了桌上。

这对侯方域来说，不啻是当头棒喝，一下子就唤醒了他。他当即表示要按李香君的意思把赞助费退还，并坚决与阮大铖划清界限。

我们不禁想问了，侯方域作为东林党人、复社骨干，对阮大铖还未有断然拒绝的意思，这十六七岁的李香君哪来这么高的觉悟呢？

原来，在侯方域到来之前，复社的其他几位主将陈贞慧、冒辟疆等人就经常在李香君这里聚会，尤其是陈贞慧，简直就是李香君的精神导师。他们整日在纵论天下，李香君则是"家事、国事、天下事，事事关心"，久而久之，就完全被同化了，再加上正是血气方刚的青春岁月，政治的立场尤其容易鲜明起来，所以李香君的思想也就带有了东林党人典型的气节论。

最具讽刺意味的是，明亡以后，那些高谈气节的东林党人，包括侯方域在内，有不少都低下了高昂的头颅，做了清廷的官，而独独这位旁听生李香君,却真正尽显了东林党人所期许的民族气节。我想,这也是孔尚任之所以要从这个平凡女子身上寄托"兴亡之感"的关键所在。

为了突出这一点,孔尚任甚至不惜在创作时篡改了史实,将侯、李真正的介绍人陈贞慧改成了杨龙友。

在李香君的感召下,侯方域毅然拒绝了阮大铖的拉拢,他不仅把阮大铖的险恶用心公之于众,还联手陈贞慧与冒辟疆等人戏弄、讨伐阮大铖。

一天,他们三个主动要求阮大铖出个戏班子来媚香楼唱戏,阮大铖一听很高兴,以为"金元外交"出了成果,就赶快安排了自己府内最好的艺人来唱戏。

侯方域他们边喝酒,边看戏;边称赞戏演得好,边骂阮大铖的无耻与狡诈。说他不过是阉党余孽、魏忠贤的干儿子,还想通过冒充艺术家来博取同情,是一匹披着羊皮的狼,更是一条披着人皮的狗,复社的文人,就是要痛打这条落水狗。这帮年轻人边骂边喝酒,边拊掌大笑边看戏。既耍了人,还解了恨,那感觉别提多爽了。

不仅如此,过了几天,陈贞慧和复社的吴次尾等人写了一篇《留都防乱揭帖》,就是痛批阮大铖的告全国人民书,真的是像鲁迅先生说的那样,在痛打落水狗了。

他们这边爽了,那边收到消息的阮大铖鼻子都要气歪了,心想:这帮嘴上没毛的年轻人,总有收拾你们的时候。尤其是这个侯方域和李香君最为可恨,恩将仇报,总有一天要你们好看。

这坏蛋一发狠,老天竟也变了脸。没过多久,李自成攻下了北京,明朝灭亡了。遗老遗少们赶快在南京建立了南明弘光小朝廷,奸臣马士英成了执政大臣。俗话说物以类聚,人以群分,马士英立即起用阮大铖为兵部侍郎,随后又升为兵部尚书。这一下,阮大铖臭咸鱼翻了身。

先是陈贞慧等人被下了大狱,幸亏侯方域跑得快,投奔到扬州史可法的麾下。因为是"跑路",所以也不可能带上李香君,两个人珍重惜别,李香君拿着那把定情宫扇发誓一定要等侯方域回来。

但侯方域这位和尚跑了,却留下了媚香楼这座庙。阮大铖秋后算账的对象也就对准了李香君,于是就有了"血溅媚香楼"的那一幕。

在李香君昏倒后,又是那位杨龙友及时出现救助了她,还从血泊里捡到了那柄绢面宫扇。杨龙友为李香君的气节所感动,依扇上的血迹,点缀成朵朵桃花,于是就有了这把传世的"桃花扇"。说到底,这桃花扇象征的就是李香君宁折不弯的气节。

阮大铖一计不成,又施一计。李香君伤还未愈,阮大铖就打着皇上圣谕的幌子,把李香君征入宫中充当歌姬。

这下李香君没办法了,她本来就是歌妓,怎么能违抗圣旨呢?她只有紧紧地抱着那柄用鲜血写成的桃花扇,进了深如海的深宫。

在一次宴会上,瘦小的李香君借唱戏的机会当众痛骂阮大铖与马士英。最难能可贵的是她骂阮大铖不是骂个人恩怨,而是骂他们丧权误国,陷百姓于水深火热,这让这位逆境中的女子的形象更加高大了起来。

幸好,在阮大铖要进一步加害她之前,南明朝也亡了,清兵攻下南京的时候,李香君随着宫人逃了出来,等回到媚香楼,却发现早已是一片火海。这一下,天地茫茫,举目无亲,侯方域又因战乱而音信皆无。李香君唯有捧着一把桃花扇,独立在桥头,看古老的南京城在战火中战栗。

这时候,幸好当年教她戏曲的老师苏昆生发现了她,带着她逃了出去。

安顿好了李香君后,他受李香君所托寻找侯方域,并最终将那柄鲜血染红的桃花扇交到了侯方域手中。侯方域在寻找李香君的过程中,又横生枝节,再次被阮大铖报复,下了大狱。后来经多方营救出狱,终于在南京的栖霞寺找到了李香君。

二人劫后余生,却要面对国破家亡的惨痛现实。在历史的兴亡面前,儿女情长竟变得无从寄托,于是两人于痴情中梦醒,双双出家,用一种宗教式的苍凉为这段激情燃烧的岁月画上了一个叹息般的句号!

但其实,这并不是真实的历史。真实的历史要远比这苍凉得多。

开始的时候,李香君与侯方域好像还是有情人终成了眷属。他们一起回到了河南商丘,但侯家已为侯方域娶了正室,李香君只能屈居为妾，后来，侯父又知道了李香君的妓女身份，甚至要把她赶出家门。

入清后，侯方域终于没能坚守住他们那帮年轻人所提倡的操守和气节，参加了清廷的考试，结果考得还不理想，只中了一个副榜，这下连李香君也看不起这位当年意气风发的帅哥了。在对侯方域的失望与侯家众人的排挤下，李香君在贫病中郁郁而终。侯方域则深陷失节与失去李香君的痛苦中，把自己的书房改名为"壮悔堂"。人才入壮年，便已后悔终生，唯有李香君的茕茕孤坟与其为伴，这不是一种最大的苍凉吗？

不过，南京本地的传说却是李香君最终独自在栖霞山葆真寺出了家，最终葬在了这里，至今栖霞山还有李香君的遗冢。

当然，老一辈的人可能还记着另一种有名的结尾，那是20世纪60年代电影版《桃花扇》的结尾。

电影中说李香居隐居栖霞寺，守着那柄血染的桃花扇，也守着自己对爱情与人生的理想苦苦等候着侯方域。结果八年后，侯、李二人终于在山寺相遇。当李香君得知侯方域已变节降清时，愤而撕碎了当年才子题诗、佳人溅血的桃花扇，与软弱的侯方域彻底决裂，从此遁入了空门。估计孔尚任看了这样的结局，也会大为惊叹。他借李香君所抒发的"兴亡之感"——那份时代与历史的意义就够深厚的了，可是后人比他还厉害，让李香君与侯方域的爱作了时代的传声筒。

孔尚任把李香君的人生意义放在时代的环境里，去描写那段激情燃烧的岁月,应该说,这不只是对李香君个人精神的弘扬,也是对那个时代那群平凡女子们的精神颂扬。

就是那些平凡的女子们,虽然身为艺妓,身在社会的底层,却为后人所景仰,她们都有一个传奇的名字——"秦淮八艳"!

潇潇暮雨洒秦淮，脉脉春情与谁猜

——董小宛的故事

一个才女，一个顶级的才女，如果嫁了人，她的生活会是什么样子的呢？

像李清照，才女嫁给了才子，他们婚后的生活是诗词歌赋，文物品鉴，夫妇酬唱，志趣相投，虽然开始日子清苦些，但别提多么风雅、多么快乐了。

像朱淑真，才女嫁给了庸人，夫妻间根本没有共同语言，她的婚后生活只能是自怨自艾，继而哀叹命运的不公。她写了本《断肠集》，有关"爱"与"诗"的那一场风花雪月的事，她只能孤芳自赏。

但你可能想不到，明清之际有一位才女，她的婚后生活和前面两位典型却一点儿都不一样。

这位才女早年就已名动天下。等她嫁了人之后，也不写诗了，突然变得很家庭主妇，天天净琢磨着怎么给老公烧好吃的菜，每样菜不仅烧得很入味、很精细，还要考虑营养搭配，考虑维生素ABCD的比例；还要别出心裁，要能不断变换花样。这样的自律精神与勤奋精神在古往今来都是相当突出的，因此不可能不在中国烹调史上留下精彩的几笔,像一些很有名的菜肴,比如说"虎皮肉",还有糕点中的"董糖",据说就是这位才女捣鼓出来的。

当然,光烧菜还看不出这位才女的全部本事来。她在这个大家族中,既能全方位地操持家务,又能谨小慎微地对待别的女人;既能把家务事管理得井井有条,又能让所有人都对她交口称赞。从管理学的角度看,这能耐可不比王熙凤差。王熙凤的精明人都看在眼里,虽然管家管得不错,但也招了不少人的忌恨,尤其是最后连自己老公也没管住,所以说王熙凤的管理从根本上说也不能算成功。

可这位才女就不同了,不仅能把家管得好,关键还能把老公管好。终其一生,她丈夫对她深爱不已,甚至在她死后,还写下了一篇长长的回忆文章,叫《影梅庵忆语》,与沈复的《浮生六记》号称清代两大思念妻子、回忆恩爱的夫妻生活的奇文。可见她在丈夫心中的地位,也可以看出彼此之间的感情。

你看,既能让丈夫对自己不变心,又能跟家里的其他妻妾很贴心,还能对所有家务事儿很上心,最后还能让所有的人对她都放心,也都对她很关心,这从婚姻与家庭的角度看,简直就是一个神话了!

但后来却有很多人对这个神话很不以为然,甚至大加批判,于是这个神话最后竟又变成了一个话柄。尤其是后来的一些知识女性,也就是后代的一些才女们,对这位名叫董小宛的前代才女的婚后生活很不以为然,甚至顺带还要批判一下那个享受了董小宛优质服务的男人,说他们这样,就是封建社会的产物,是个彻头彻尾的女性悲剧。

要说到后人的这种态度,就要说到这个婚姻的神话是怎么炼成的了。

这段爱情的开始,不是传统的"男追女"的模式,而是当时极为少见的"女追男"的模式。

《牡丹亭》里的老师陈最良在教学生杜丽娘解读《诗经》的时候说,所谓"窈窕淑女,君子好逑",就是作为淑女应该端坐家中,等那君子主动来好好地求她,那才能嫁给他。女孩子太主动,那就不是淑女了。陈老学究的这番歪解,倒也代表了很多人的心态。所以才会有人到今天也对董小宛这段"女追男"的爱情颇有微词。

董小宛十六岁的时候,就已是名动天下的秦淮名妓了。她和她后来的丈夫冒辟疆的爱情据说是这样开始的。

一天,小宛生病了,躲在苏州河畔的绣楼中闭门谢客。而这位久闻小宛芳名的冒公子与两个朋友很不识趣地敲开了小宛家的门。大概是这位冒辟疆长得实在太帅了,又是名闻天下的复社四公子之一,小宛见了他的面之后,病也一下子就好了。

等到冒辟疆考虑到董姑娘的病情,要早点儿告辞的时候,董小宛却"牵留之曰",也就是拽着冒辟疆的衣袖说,"我十有八日寝食俱废,沉沉若梦,惊魂不安。今一见君,便觉神怡气王"。然后,"旋命其家具酒食,饮榻前。姬辄进酒,屡别屡留,不使去"。

就是说我这一段病得很厉害,今天见了公子就觉得病全好了,看来公子就是医我的那味良药。于是,就强留冒帅哥喝酒、吃夜宵,怎么也不让走。

等到了第二天,冒辟疆要从苏州赶往北方,临行前,赶来与董小宛告别。没成想董小宛坐上他的船,说自己已经收拾好了,一定要乘船送冒公子一程。冒辟疆没料到有这一出,也就只好让她送了。

结果这一送,一直从苏州送到镇江,路上冒辟疆每天都在劝小宛回去,可这小宛姑娘铁了心了就是不回头。等到看到金山寺的时候,小宛就像那位勇敢、坚决的白娘子,望着江水发誓说:"妾此身如江水东下,断不复返吴门!"也就是说我不回去了,这辈子非要跟着你不可。

我们说,董小宛这劲头可有点赖上冒辟疆的味道,这让后人大多很不理解。据后人的分析,大概有两个主要原因。

一是冒辟疆长得实在太帅了,以至于董小宛见了他意乱情迷,不能自已。据说冒辟疆有个外号叫"东海秀影",曾经有人这样记载说"所居凡女子见之,有不愿为贵人妻,愿为夫子妾者无数"。就是说,他是个大众情人、万人迷,女孩子见到他个个都想嫁给他,可见他帅到什么地步。好不容易才碰上个这样的极品男,董小宛不动心才怪。

第二个原因可能更重要,那就是冒家在当时的江南也是世族,是颇有财力的官宦世家。在明清变革之际的那个时代缝隙里,乱世中危机四伏，美女们个个都急着为自己找个好点的归宿，像陈圆圆就主动追求过冒辟疆。冒辟疆这种又帅又有钱的大才子，自然就成了董小宛这一类风尘美女的最佳对象。而且，很关键的一点是，董小宛这时候确实身背着巨大的债务。

回到当时的时代环境来看，这种说法好像不无道理，要不董小宛怎么会突然对冒辟疆发动如此猛烈的攻势呢？

但我觉得，也有疑问。

疑问之一，董小宛对冒辟疆能不能算是"一见钟情"呢？

答案是——不能。

虽然我们说，小宛的爱情是从冒辟疆这次偶然的拜访开始的，但事实上这却并不是两个人的"初相遇"。两人在三年前就曾见过面。当时，冒辟疆到南京赶考，闻听董小宛的盛名，于是约了陈贞慧、方以智等人一起去见董小宛。哪知道董小宛清俊脱俗，嫌秦淮河这个地方太过嘈杂，不安静，搬到苏州去了。

这一下更吊起了冒辟疆的胃口，他又专程赶到苏州。不巧，等他到了苏州，董小宛又出门旅游去了，名山大川，这位美女也多有涉足，据说当时她正在洞庭湖。

冒辟疆在苏州等了好长一段日子，在临走前决定再去董小宛那儿碰碰运气。这一次，运气来了，董小宛正好午睡才起，据冒辟疆自己回忆说，那个中午，他见到董小宛的感受是："余惊爱之！"

可落花有意，流水无情，当时的无情流水却是董小宛，她对这位当时就已名列复社四公子的冒辟疆并没有过多的注意。要知道，当时的复社四公子名头响亮，而冒辟疆也是大帅哥，那么初相遇时的董小宛为什么对冒帅哥这么不上心呢？

后来，也就是第二年，冒辟疆又分别在扬州、杭州等地想拜访董小宛，可总是失之交臂。董小宛根本不知道有这么一个冒辟疆在寻寻觅觅，以至于在苏州河畔他们再次相逢的那个夜晚，在冒辟疆的提示下，她才想起来他们是有过一面之缘的。

三年前的董小宛和三年后的董小宛，在对待冒辟疆的态度上，前后差别为什么会这么大呢？

疑问之二，董小宛也不是没见过世面的人，冒家也不是富可敌国，只不过是如皋城里的一个官宦人家而已，若从经济角度考虑，她为什么没有选择其他人呢？

当年董小宛在秦淮河边一夜成名的时候，追求她的王公贵族数不胜数，当时复社中一些名士都与她有过交往。我们现在不知道都有哪些人追求过董小宛，但要从财富的角度上看，至少还有一些超过冒辟疆的人。

比如说，当时董小宛要搬去苏州，有一个重要原因就是要躲避恶少窦赫的骚扰。这个窦赫家里很有钱，开始也道貌岸然地追求董小宛，可在被拒绝之后，就纠集了一伙流氓无赖天天来骚扰闹事，以至于董小宛只得远避吴门。虽然这个窦赫在人品才气上与冒辟疆没得比，但至少说明，要是只为了钱与财富的话，冒辟疆未必是董小宛唯一的选择。

事实也证明，冒辟疆在钱财上也确实不能成为董小宛的依靠。后来董小宛倒追冒辟疆一直追到了如皋城下，可冒辟疆拒绝她的一个理由竟是，你们家这些年来欠下来的那些巨额债务，我可没办法帮你还。这一句话，就把小宛姑娘弄哭了，委屈得不得了，还不能说什么，只得流着泪转头离去。最后还是钱谦益仗义援手，帮董小宛还清了债，又亲自把董小宛送到如皋，董小宛才最终嫁到了冒家。

说董小宛最终"嫁"到了冒家，其实绝对是言过其实。因为这时候冒辟疆家里早已有了正室，董小宛不过是以妾的身份来到冒家。更惨的是，开始冒辟疆还不敢把董小宛带回家，只是在外面临时租了房让董小宛住。

要说冒辟疆的正室苏元芳还是比较善良的人，她知道了这事儿后，不仅在生活上关心董小宛，还做好了冒辟疆父母的工作，于四个月后亲自把董小宛领回了家，董小宛才得以彻底融入冒家的生活。

为了报答苏元芳，这位位列秦淮八艳之一的江南名妓董小宛，放下诗书，也放下了才女的作派，全心全意地为冒家服务起来。

因为冒辟疆的母亲马夫人与苏元芳都很喜欢董小宛，不久，董小宛基本上接替了操持家务的重任。她在马夫人与苏元芳面前常常表现得毕恭毕敬，她们坐着的时候，她从来都是站着；她们站着的时候，她从来都是小心地在旁边服侍。这位大才女在冒家的这两位女人面前，基本上就是一副婢女的姿态。

这还不算，为了这两个女人，她不惜忍辱负重。

当战乱来临举家逃亡时，冒辟疆是左手扶着母亲，右手拉着苏元芳，他实在没手了，就回头对董小宛说："你自个跟上啊！"

董小宛还特感动地说："保护她俩重要，你别管我。"

还有一次，也是战乱来临。冒辟疆又要带着母亲与老婆逃难去了，临行前郑重地对董小宛说："我们走了，这屋子和这家就交给你了，你可要把它们看好了。"要说冒辟疆也实在太不像话，一个男人都躲战乱跑了，却把家交给一个弱女子看着。

可董小宛依然毫无怨言，说："你放心吧，只要我人在，这家我就给你看好喽！"

我们说，这对夫妻的思维看上去好像特别不能让人接受。冒辟疆怎么就这么没心没肺？董小宛怎么就这么心甘情愿？而且还自贬身价！就算冒辟疆是大帅哥，董小宛也是名满天下，不比他差到哪儿去啊！这也是后人尤其耿耿于怀的地方。而这些事又并非虚构，都是当事人冒辟疆亲自记下来的。

那么，有没有可能冒辟疆有些精神自恋，所以信手瞎写呢？

说实话，这种可能性不大。就算是冒辟疆稍有些夸大的成分，但也绝不至于编故事。

冒辟疆曾经记下过这样一些事儿。

他在战乱逃亡的时候得了重病，而且这一病就病了五个月。这一百五十天里，董小宛"仅卷一破席，横陈榻旁。寒则拥抱，热则被拂，痛则抚摩，或枕其身，或卫其足，或欠伸起伏，为之左右翼"。

这一段的动作描写可谓感人之极。因为是逃难,仅有被褥都给冒辟疆用了,董小宛每天就卷一破席睡在冒辟疆旁边伺候。冷了就拿自己的身体给他取暖;热了就不厌其烦地替他扇风;痛了就抚慰他,还拿自己的身体给冒辟疆当枕头;乏了就替他按摩,还用身体为他暖足。这种照料,那是真正意义上的无微不至。

这些还不算。当生病的冒辟疆莫名其妙地发脾气的时候,董小宛"惟跪立我前,温慰曲说,以求我之破颜",打不还手,骂不还口,只求老公开心就好。

对于这一切,董小宛曾经对冒辟疆说过一句话,叫"竭我心力,以殉夫子"。就是我怎么吃苦受罪都无所谓,只要你过得比我好!

最后,在董小宛不眠不休的照顾下,冒辟疆终于转危为安。可以说是董小宛把他从死神手里抢了回来。可由于操劳过度,在冒辟疆康复之后,董小宛却病倒了。这一回,冒辟疆却无法从死神手里把董小宛抢回来,最终,在与冒辟疆度过九年的夫妻生活之后,这位年仅二十八岁的秦淮名妓,因为积劳成疾而最终撒手人寰。可以说,董小宛是用自己的生命把冒辟疆从死神那里换回来的。

这居然就是那个曾经"艳冠秦淮"的董小宛的最终结局。

我之所以要用"居然"这个词,是因为大多数人对董小宛在冒家的表现以及她对冒辟疆表现出的心甘情愿都大为不解。甚至有人嫌她太作贱自己,因此觉得她远不如秦淮八艳中的柳如是、李香君，甚至是陈圆圆，因为她的表现体现出她身上没有一点的女性自我尊重、自我解放的意识，她们说董小宛就是被封建三从四德思想填满了身体的一个傀儡和木偶而已。

我却从来不这么看。

女权主义者有一个响亮的口号，叫"男女平等"。但我以为，在婚姻与爱情中，追求所谓的平等其实是一种误区。

从现实的层面来看，越是追求形式上的平等，越说明本质上的不平等。如果冒辟疆也按董小宛的方式来照料过董小宛，那就能说明他们真正平等了吗？

从精神的层面上看，爱情中那种叫作"爱"的情绪本来就是共享的，因为是共享的，所以也就没法分成某种比例。一旦要追求所谓的平等，那就说明爱情不再是共享的，而是有了裂痕的。等到双方真的都完全平等了，那也就是两个人该说再见的时候了。

董小宛在冒家表现得像个小媳妇儿一样，是不是因为她本质上就是一个三从四德灌输出来的"温良恭俭让"式的弱女子呢？事实上，董小宛也有她刚烈的一面。

当年，在结识冒辟疆之前，董小宛已经名满秦淮，有不少达官贵人看中过她。

有一个叫朱统锐的家伙，世袭了镇国尉的爵位，也算是个半拉子的皇亲国戚。他看中了董小宛，就非要董小宛到他乌衣巷的家里来陪他喝酒，董小宛坚决不从，后来在母亲的哀求下来到朱家。结果这个朱统锐在酒席上污言秽语，暴露出流氓本性。弱小的董小宛横眉冷对，最后一怒之下掀翻了桌子，在朱统锐惊愕的目光下，大义凛然地走出了朱家。这气魄怎么着也要比刘邦赴鸿门宴强多了吧。

再有我们前面说过的那个窦赫，也是因为在遭到董小宛的呵斥后，才狗急跳墙要报复她的。从这一点上看，董小宛不也像李香君一样吗？虽然她没有用鲜血染红过一把桃花扇，但这种精神和骨气与李香君是一脉相承的。

那么，这样一个有傲骨的女子，为什么在面对冒辟疆时却丝毫没有傲气呢？

我以为原因很简单，就一个字："爱！"

爱是什么？这是一个千古以来的谜题。有的人的爱是一种占有，而有的人的爱却是一种付出。没有爱过，你永远不知道你的爱到底会是哪一种。

董小宛的爱就是一种彻头彻尾的"付出式"的爱。在她没有爱上冒辟疆的时候，这时候虽然冒辟疆在她眼前出现过，她也并没把他当回事儿，也就是说，董小宛这种女孩在爱与不爱的界限面前是分得很清的。她不爱的，她不会故施恩惠、到处留情。一旦她爱了，她就会付诸行动、义无反顾。

说起来，苏州河畔的那个夜晚，大概正是董小宛最渴望爱情的时候。一则她年龄渐长，十九岁了，名妓们在这个年龄都开始要为自己寻找归宿了；二则时势变幻，陈圆圆这样的名妓都被大恶棍强抢而去，谁不想趁早找个可以爱、值得爱的人去依靠呢？

三则董小宛那时正在病中,女孩子在病中往往是情感与精神上最无助的时候,冒帅哥恰逢其时去看望她,一下子就让小宛认定了他。说得玄一点儿,这或者就叫"缘"吧。

不管到底是因为什么,反正董小宛知道自己爱上了冒辟疆,也就义无反顾地把爱付诸实践。从行动的意义上讲,董小宛才是真正的"女权主义"者,她不忸怩作态,也不故作矜持,对自己渴望的幸福目标认识得相当清楚。试问,哪一个被"三从四德"浇灌出来的女性,能做到这一点呢?

至于在婚后,她在冒家也并不是只有委屈而已。她对马夫人和苏元芳的态度,是投桃报李,如果说谦卑一些能促进沟通与交流,为什么不这样做呢?人们所需要的傲骨和傲气,只适用在是非面前、原则面前。事实上,不懂得谦卑的人,永远不会理解人与人之间那种相互抚慰的温暖与幸福。

在与冒辟疆九年的夫妻生活里,董小宛除了在饮食起居上细心照料丈夫之外,在生活细节上两个人志趣相投,也是颇有情趣的。

据冒辟疆回忆,两个人空的时候,常在书房中泼墨挥毫,鉴别金石。董小宛总是别有创见,引得冒辟疆大为赞赏,这哪里比李清照与赵明诚的幸福差呢?

董小宛的小楷和隶书写得尤其好,所以常代替冒辟疆给亲戚朋友题字写信,这也可以看出冒辟疆对她的信任。

最有情趣的是夏夜的时候,董小宛特别喜欢如水的月光,常搬一短凳，端坐在花丛月影之中。因为她很瘦，所以常能与花丛月影融为一体。随着月光的变化，她也会挪着地方坐，还常问庭中欣赏的冒辟疆这样美不美。这种夫妻间的情趣让冒辟疆刻骨难忘，以至于小宛死后，冒辟疆还常常"月下花影动，疑是玉人来"！

冒辟疆特别喜欢茗香，董小宛就收集了好多珍贵的沉香，她收集的品种往往都是特别有名的，冒辟疆常因此觉得在朋友面前特别有面子。董小宛还精擅茶道，夫妻两个常在满屋氤氲的香气里，品茶论道，那真是神仙眷属，让人羡慕。

冒辟疆也说过，他和董小宛的九年生活，是他一生中最幸福的时光，董小宛死后，他也就彻底地爱念成灰了。可见两个人之间有着深厚的夫妻感情。

有次逃难的时候，董小宛所有的衣裳首饰都丢了。安定之后，全家的花销都从她手上进出，但她舍不得给自己添置一件首饰。到了七夕的傍晚，小宛望着天上的流霞，忽然有了兴致，希望能按霞光的颜色打一件手镯。

冒辟疆就按小宛的心愿打了一件，还亲笔在上面题了"乞巧"和"复祥"四个字。一年之后，这只手镯突然从中间断开了，于是冒辟疆又为她重新做了一只。送给董小宛的时候恰好又是七夕之夜，冒辟疆又在上面题写了"比翼""连理"四个字。董小宛一生都珍爱这唯一的首饰，临死的时候不穿戴一样值钱的东西，唯有这只手镯不肯摘下来。我想，她是要用这个小小的手镯，来见证那个男人对她的爱。

董小宛曾经说自己嫁给冒辟疆，是"骤出万顷火云，得憩清凉界"，也就是跳出了火坑，进入了天堂。那么不论在冒家受的是何种辛苦与艰苦，那都是天堂里的辛苦与艰苦，所以就算让她这个名冠一时的才女从明天开始，只能去关心粮食与蔬菜，她也会开心地去"面朝大海，春暖花开"！

　　我相信，这就是这个爱并快乐着的女人无怨无悔的心声！

世间何事堪扼腕,浮生写罢爱如磐

——沈复与芸娘的故事

说到冒辟疆的《影梅庵忆语》与沈复的《浮生六记》,有人说男人看到的是董小宛的温婉和芸娘的可人,女人看到的却是小宛的悲哀和芸娘的抑郁。为什么同一段恋情、同一个故事,男人和女人的看法会有那么大的不同呢?

将《浮生六记》译成英文版的林语堂说,芸娘是中国文学中最可爱的女人。他在《浮生六记》英文版序言里的有句话说的:"芸,我想,是中国文学上一个最可爱的女人。"

其实,林语堂说这话有一个小小的错误,这个错误在于"中国文学"四个字。

事实上沈复写《浮生六记》这本小册子,本意并不是为了什么文学创作。沈复并不是一个标准的文人,也不是一个文学青年,他只是一个受过良好文化教育的商人而已,他写《浮生六记》,并非缘于什么艺术灵感,而只是彻头彻尾地忠实记录他曾经有过的婚姻生活而已。

所以,林语堂先生要是真的想回答"谁是最可爱的人"这个话题的话,他的回答也应该改为:"芸,我想,是中国历史上,或者说是中国婚姻史上一个最可爱的女人。"

但事实上，我觉得做中国婚姻史上最可爱的女人，远比做中国文学史上最可爱的女人要难得多！为什么这么说呢？原因至少有三个方面。

第一，文学中很容易创设出动人的情节与细节来，但现实的婚姻生活往往是平淡无奇的。因平淡无奇的生活而让世人记住，这当然很难。

热爱芸娘的林语堂先生最有名的一部小说叫作《京华烟云》，小说里的女主人公姚木兰与曾家的姻缘，最早缘自姚木兰小时候在战乱中的走失与曾家的收养与照顾，这无疑是有着很大的传奇性。姚木兰与曾家三位少爷之间的少年情趣生活，无疑为后来的爱恨情仇埋下了伏笔，以至于当她和最应该结合的大少爷平亚错过，而又与最不可能结合的三少爷曾荪亚结合的时候，小说的情节峰回路转，真正的属于婚姻与爱情的高潮才来到了。事实上我们知道，林语堂先生也知道，姚木兰只是文学里的女人，生活里哪有这么多离奇的故事呢？

林语堂无疑是很喜欢他笔下那个姚木兰的，可他最喜欢的那个芸娘比起姚木兰来可就差得远了。

芸娘姓陈，不过是个普通人家的普通女孩儿而已，她很早的时候就死了父亲，才十几岁的她就挑起了全家生活的重担，因为她特别心灵手巧，所以她做的女红，也就是丝织品特别走俏，她也就以此来养活母亲与年幼的弟弟的。

沈复是她的表弟，十五岁的沈复第一次来到舅妈家，就对这个漂亮的表姐产生了好感，但说到底，这也只是正当青春期的男孩子最正常的心理而已。经沈复搜肠刮肚地回忆，他们之间婚前唯一值得回忆的生活细节，不过是有一次聚会的时候，表姐陈芸特别在自己的房间里留了一碗银耳粥，悄悄地拽着沈复的袖子拉他到房间里去喝粥，却被女伴们发现了，由此取笑他们是小夫妻。后来因为这碗粥，他们也就真的成了夫妻。

这样的情节，这样开始的爱情，虽然也是富有生活情趣的，但比起梁祝的十八相送，比起白娘子与许仙的断桥相遇，甚至比起我们李香君与侯方域的品画结缘来，能让人感慨它是中国婚姻史"之最"吗？

但林语堂先生分明说她是中国最可爱的女人，他为什么这么说呢？

第二，文学作品中的婚姻状态源于生活，又往往高于生活，它总是能把婚姻中的矛盾与冲突调整到最激烈的状态，从而让人物在动荡起伏的生活背景中获得震撼人心的力量。但现实生活里，矛盾当然有，冲突也不断，但拿出来给人看，不过是家长里短。

姚木兰阴差阳错地嫁给了性格最激烈的荪亚，两个人根本不是一类人，所以矛盾冲突不断。人们在姚木兰的委屈中渐渐地感受到她人格的力量，当她终于用女性独有的温柔胸怀感化了荪亚这个浪子的时候，她的形象就完满了，就升华了，就深深地活在我们心中了。

可这些生活矛盾要放在现实里呢?

《中国式离婚》里的宋建平和林小枫这对生死冤家,哪有一个是坏人?他们都是好人,可他们的生活矛盾暴露在世人面前的时候,只是徒惹闲人耻笑而已。

可惜,芸娘是生活在现实里的,她不是一个文学作品中的人物。她在嫁给沈复后,很快就陷入了动荡起伏的家庭矛盾中。

她先是因为沈复弟媳的挑唆,和婆婆之间有了矛盾。后来第一胎生了个女儿,又让公公婆婆非常不满。关键是这夫妻俩也没个固定的职业,尤其是沈复,虽然做过幕僚,经过商,但大多数时候是在失业状态下度过的。这让他们家的经济情况也颇为扎眼,以至于作为当时的"啃老族",也就是在父母那儿白吃白喝的一家,芸娘经常要看公公婆婆的白眼。

这些还不算。一次,沈复的父亲要纳个小妾,开始瞒着自己的老婆。可等到沈复的母亲问起的时候,芸娘十分为难。一方面她不能出卖公公,另一方面她又不该瞒着婆婆。可事实上压根儿就没她什么事儿,她却好心地帮公公隐瞒。事发之后,婆婆恨她不说,连身在外地的公公也怪她,说"你怎么能撒谎呢?我没让你撒谎啊"。以至于公公婆婆对她积怨日久,终于因为她女扮男装随丈夫出游等有伤风化的事件,把她赶出了家门。

老实说,这些事在沈复的笔下记下来的时候,我们看得清事情的原委。但在当时,不仅是沈家,连周围的亲戚邻居都对芸娘有不好的议论。这让这个瘦弱的女子,在婚姻与家庭的矛盾中显得很无助，也很无辜，但仅此而已。甚至她被赶出家门的事儿，也没像《雷雨》中的梅侍萍被赶出周家那样，引发了后来惊心动魄的故事，她只是逆来顺受地接受了这个现实。这样的矛盾与冲突，怎么能与《雷雨》《家》《春》《秋》，甚至与《京华烟云》相比呢？

但如果不能，林语堂先生为什么又要认定它是中国女人里的"之最"呢？

第三，文学作品里的人物往往能站在历史的高度，而现实婚姻里的人物永远都难以摆脱现实的尺度。

《牡丹亭》里的杜丽娘就是因为她是汤显祖笔下虚构的文学人物，才成了一面封建社会中女性人性意识觉醒的旗帜。在这面旗帜的光辉下，我们对于剧情是否合理，人物是否有不太纯情的性意识倾向，都不太在乎。《红楼梦》里的贾宝玉和林黛玉就更是这样了，几十年以来，从官方到民间，红学界的主流观点都认为他们身上有着反封建的内涵，所以他们的形象在文学史上就被定义为"新人"。于是，不管大多数男同胞是不是很喜欢薛宝钗这个"旧人"，人们认为贾宝玉就应该娶林黛玉，因为这样才"志同道合"，才符合《红楼梦》所具备的历史感召力。

可芸娘在这个层面上跟杜丽娘、林黛玉简直就没得比。她虽然有不为世俗礼法拘束的一面，但她的生活里根本没有什么杜丽娘、林黛玉式的反抗。她虽然爱女扮男装，但这也不是什么大不了的事儿。古来有这爱好的多了，从先秦楚王的樊姬，到上学的祝英台；从替父从军的花木兰，到替夫从考的女驸马冯素珍。这顶多算是奇装异服的爱好，那不能随便拔高到反封建的高度吧。

另外，她不仅不"反封建"，而且某些方面还特别"封建"。芸娘最为人诟病的一点，就是她主动为老公纳妾。她先是听说有个叫温冷香的名妓，就主动去结识人家，并想为老公纳妾。结果一看这个温冷香年纪太大，觉得不合适；但又看中了温冷香的女儿憨园，于是一门心思地想把憨园娶回来。沈复不愿意，她还一个劲儿地劝说。最后没想到，憨园临时变卦，嫁给了另外一个富商。这位在沈复与林语堂笔下天资聪慧的芸娘，竟因此耿耿于怀，最终抑郁而终了。你说这是不是太荒唐，也太悲哀了？

当然，也有不少人从时代角度做出解释，认为芸娘毕竟只是封建时代的普通女子，你让她去反封建，去体现什么女权意识那根本就不切实际。作家在作品中表现这样的人物容易，在生活里出现这样的人物就不合理了。

事实上，我也这么认为。我们评价历史人物的时候，确实应该站在当时历史的时代背景下，不要要求太高，也不要过度拔高。但落实在芸娘身上，如果说她的形象内涵并不具备那么崇高的历史意义的话，林语堂先生为什么要把她视为是中国历史上最可爱的女人呢？

请注意，林语堂先生英文序里的表述是，"她是一个最可爱的女人"，而不是"她是最可爱的女人之一"。也就是说，芸娘就是"中国式婚姻"里那个最理想的女人，而不是那些最理想女人中的一个。

　　林语堂先生为什么会产生这样一个惊世骇俗的观点呢？要知道，在中国这个奇妙的国度，大概最不缺少的就是温良贤淑的女子与温柔曼妙的爱情了！

　　我仔细研读了林语堂先生的英文原序，发现他在序言里主要提出了三点理由。

　　第一，是芸娘特别能带给人春风化雨般的温暖，尤其是特别能带给男人体贴入微式的关心。

　　林语堂先生在序言里说，如果沈复是你的朋友，你完全可以无拘无束地随时到他家里去坐坐，这位女主人一定是很好客的。在你和沈复聊天累了打瞌睡的时候，她会"放一条毛毡把你的脚盖上"。这当然只是林语堂的假设，但可以看出来他对这位女性的认识。因为芸娘比沈复大十个月，所以她在生活上对沈复的照顾是颇具有母性色彩的。他们产生爱情时的那一碗单独给表弟留出的银耳粥，大概就可以说明问题。

　　第二，芸娘虽然也是个传统的女性，但在林语堂眼中，她是个集传统女性美德之大全者。

　　林语堂在译文序言里说，"我们似乎可以看得见那样贤达的美德"，在芸娘的身上显得"特别齐全"。后人针对林语堂先生的这句话，经常会质疑他——林先生所说的美德之大全者，是不是也包括"替夫纳妾"这种美德呢？可惜的是，林语堂先生自己从未解释过芸娘身上到底涵括了哪些美德。

第三，是芸娘特别具有与男性沟通的生活情趣与能力。

芸娘经常女扮男装与丈夫沈复一起去旅游，一旦听说哪里有些风景名胜，他们夫妻俩立即就会改变装束出发，也不管他们夫妻这样放诞的行为会不会被人认出来。这样的共同爱好，让夫妻俩都特别能自得其乐。

因此林语堂先生说："你想，谁不愿意和她夫妇，背着翁姑，偷往太湖，看她玩洋洋万顷的湖水，而叹天地之宽，或者同她到万年桥去赏月？而且假使她生在英国，谁不愿意陪她参观伦敦博物院，看她狂喜坠泪玩摩中世纪的彩金抄本？"林语堂先生在发完这几句一气呵成的疑问后，自信地说，"因此，我说她是中国文学及中国历史上一个最可爱的女人，并非故甚其辞"。

综合林语堂先生的这几层意思，一般人可能会有疑问，就这些，就可以算是中国文学及中国历史上最可爱的女人了吗？

事实上，我倒是很赞同林语堂先生的观点的。也就是说，我基本上认同林语堂所说的"芸娘是中国婚姻史上一个最可爱的女人"的说法，只是我觉得林语堂先生没有把他的观点说透、说清楚，以至于他的这种说法显得并不能服众。

那么，林语堂先生说的这三点到底是什么意思呢？

要理解林先生的观点，我觉得最好先来看看林语堂先生自己的婚姻生活。

据林语堂自己的晚年回忆来看，他一生曾经跟三位女子有过爱情，初恋的对象叫赖柏英，后来他最爱、最想娶的女孩是他的同学陈锦端,可他最后娶的夫人是陈锦端的邻居廖翠凤。

我这里想说的是,虽然林语堂最爱的是陈锦端,但他一旦与廖翠凤结合后,就一心一意地忘记过去,全心全意地投入到自己的婚姻生活里去。

在结婚的婚宴上,林语堂当着所有人的面把婚书给撕了,这把新娘也吓了一跳,以为他要悔婚。可林语堂充满温情地宣布,婚书只是将来要离婚才有用的,这东西对我林语堂来说就没有存在的意义。那意思就是我们会相濡以沫、相爱终生的,不会有任何离婚的可能,这婚书要来有什么用呢?

事实上,在以后近六十年婚姻生活里,林语堂与廖翠凤的婚姻生活果然十分幸福,尤其是充满了生活情趣。

林语堂喜欢抽烟,廖翠凤在这一点上很大度,从来不禁止他,甚至允许他在饭后在卧室里抽烟,这也导致了林语堂创造了一句世人皆知的名言,叫"饭后一支烟,赛过活神仙"。

林语堂在生活上对廖翠凤很依赖,以至于在有了女儿之后,他一直随女儿叫廖翠凤为"妈",他下班回来一进门就会喊:"妈在哪里?"对于这些,廖翠凤都表现出夫妻间的理解与共鸣来。

林语堂吃饭的时候还喜欢弄出各种各样的动静,肉粘在嘴唇上作怪样,稀饭喝得震天响,这些全是他们家的笑柄。

这也让我不由得想到芸娘,沈复在《浮生六记》里就回忆说,芸娘刚嫁到他家来的时候,也是稀饭喝得"滋溜、滋溜"地响,还喜欢吃臭豆腐,结果这些爱好都最终影响了沈复,变成了他们家饭桌上的乐趣。

这些说明什么？说明夫妻不只是生活在一起的人，而是在一起生活的人！

这话听起来有些绕，其实道理很简单。所谓的夫妻间的关心、关怀、美德，乃至情趣，不过是要能把彼此的生活融入到对方的生活里去。这样，个人的快乐与幸福就会上升为家庭与婚姻的快乐与幸福。这就是林语堂的婚姻标准。在漫长的封建历史里，在机械式的所谓"夫唱妇随"里，芸娘才是真正能做到这种境界的一位女性。

所以林语堂才说她是最可爱的女人，而不是"之一"。

事实上也确实是这样。就拿芸娘的女扮男装、偕夫出游来说，这事的缘起纯粹是沈复的爱好，而这个过程，纯粹是芸娘对丈夫生活情趣的呼应与共鸣。

芸娘天资聪颖，连识字都是无师自通的。据说她小时候父亲教她背过白居易的《琵琶行》，长大后她偶然看到《琵琶行》，就根据小时背的记忆，把上面的字认了出来，并由此自学成材，成了一位文采斐然的小诗人。

嫁给沈复后，由于沈复天生具有物理学家与生物学家的观察习惯，喜欢观察细小事物与细节，芸娘很快也对此有兴趣。沈复曾经由衷地说"其癖好与余同，且能察眼意，懂眉语"，因此沈复动了两个人一起出游观察的念头。

沈复对芸娘说："惜卿雌而伏，苟能化女为男，相与访名山，搜胜迹,遨游天下,不亦快哉!"也就是说可惜这个时代强调女子不宜远行,要不咱们俩一起出门远游那该多有趣!

芸娘听了这话说这有何难,我跟你去就是了。但转念一想说:"惜妾非男子,不能往。"

沈复这时候说,其实倒也不难,"冠我冠,衣我衣,化女为男则可也"。

此时,"芸欣然",也就是听了沈复的意见。可见,芸娘女扮男装的爱好并不只是个人爱好而已,这纯粹是他们夫妻俩的共同爱好!

两个人第一次偕同出游的地方是当地县城的花会。在花会上芸娘自然可爱,忘了自己的打扮,按了一位少妇的肩膀,并由此产生了误会,最后只能脱下男装,示人真相。这导致了一段趣闻,也直接导致了沈复父母对芸娘有伤风化的评判,并因此成为把芸娘赶出家门的导火索。

在这场家庭矛盾面前,可贵的是沈复没有表现出半点迟疑,他毅然跟着芸娘一起搬了出来。他们并不以这次失误为意,后来芸娘多次女扮男装,跟随沈复去游太湖,游扬州,被世人视为人间佳话。

说到他们夫妻间这种相互融合而又融洽的婚姻生活,就不能不提芸娘的"替夫纳妾"这个谜团。我们前面虽然说过,芸娘替夫纳妾多少有时代的因素在里面,但这个事还并不完全如后人所议论的那样。

首先，替沈复纳妾并不是由芸娘先提出来的。

沈复有一个朋友叫徐秀峰，他纳了一个妾，很漂亮，请沈复夫妻俩来欣赏。结果芸娘一番"审美"之后，说"美则美矣，韵犹未也"。就是说长得还行，但是没气质。徐秀峰一听这话不乐意了，说我就不信沈复纳妾就能找个既美又有气质的。芸娘说有我把关，肯定行。徐秀峰说那我们打赌。好胜的芸娘因此有了要为沈复找一个"既美且韵"的妾的念头。从这个由头本身，我们也可以看出，她作为一个封建女性对这种男性生活的大胆而率真的融入。

其次，真到要纳妾的时候，她和她挑中的那个憨园姑娘之间也产生了非常真挚的感情。

一般人说起来认为，芸娘没有替老公成功纳妾，因此气死了，这简直是个荒唐的事。之所以有这个说法，也是缘于沈复的一句"后憨为有力者夺去，不果。芸竟以之死"。

说实话，沈复作为一个男人这样说，我觉得实在有男人的自大成分在里面。沈复觉得芸娘没给自己撮合成这事儿，就因此郁郁而终了。应该说，这里面有这个作丈夫的想当然的成分。这也不奇怪，男人往往有这样自以为是的心理。况且芸娘临死的时候说过，平生最遗憾的有两个事，一个是在最贫困的时候，看错了一个叫双儿的丫环，结果这个丫环偷了家里仅有的一些财产跑了，这个家她算是没看好。另一个就是憨园的事儿。因此，沈复听了这话这样写，也就不足为奇了。

事实上，憨园另嫁之后，芸娘是因此气得旧病复发，但这离她最后病死还有好几年的时间。也就是说这根本不能算她病死的直接诱因。况且芸娘对憨园的感情，或者也不是只为沈复找个妾这么简单。

找憨园为妾这事也不是由芸娘挑头的，是沈复的一个朋友叫张闲憨，闲着没事拉沈复去看温冷香与憨园姑娘。这两个男人带着憨园游湖的时候，芸娘和一些女眷们恰好也在游湖，这样偶遇了憨园。

在偶遇之后，芸娘对憨园姑娘也是"一见倾心"，当时就撇下其他人，独自与憨园去游玩了半天，后来两个人就成了闺中密友。因为对憨园特别喜爱，芸娘才认为她就是那个可以算是"既美且韵"的妾，所以才极力撮合她和沈复的事。

当后来"憨为有力者夺去"，芸娘为之伤心不已，这其中可能还有别的情绪在，而纳妾不成的遗憾，我觉得更像是一个借口而已。

对于芸娘，通过她的人生历程，我们完全可以看出来，这是一个既能保持着纯真个性，又能把自己的才情融入到夫妻生活里的美丽女性。

她曾经与沈复开玩笑说，她识字是因为白居易，她和沈复最喜欢的诗人是李白，沈复的字又是三白，大概是因为自己文化程度不高，白字连篇，才会出现在沈复的生活里。沈复开心又感动，刻了两方"愿生生世世为夫妇"的印章，作为两个人通信时候签名章用。

　　我想，就是这种"愿生生世世为夫妇"背后的人生况味，才让沈复这个普通的男人写下了惊世之作《浮生六记》，也让林语堂那个不普通的男人把芸娘当成了中国人婚姻生活里的最高理想！

　　这确实是最高的境界——"爱我的人"和"我爱的人"的完美融合！

图书在版编目（CIP）数据

浮生有爱 / 郦波著 . -- 上海：文汇出版社, 2019.8
　　ISBN 978-7-5496-2920-6
　　Ⅰ . ①浮… Ⅱ . ①郦… Ⅲ . ①随笔－作品集－中国－当代 Ⅳ . ① I267.1
中国版本图书馆 CIP 数据核字 (2019) 第 125086 号

策　　划	夏德元
责任编辑	徐曙蕾
封面设计	叶　茂

浮生有爱
郦　波　著

出版发行	文汇出版社
	上海市威海路 755 号（邮政编码 200041）
印刷装订	上海盛通时代印刷有限公司
版　　次	2019 年 8 月第 1 版
印　　次	2019 年 8 月第 1 次印刷
开　　本	850×1168　1/32
印　　张	9
字　　数	165 千
ISBN 978-7-5496-2920-6	
定　　价	46.00 元